【新装版】

精神病は病気ではない

精神科医が見放した患者が完治している驚異の記録

長江寺住職
萩原玄明

ハート出版

【新装版】

精神病は病気ではない

萩原玄明

まえがき

まず初めにご説明申し上げておきたいのですが、私がこの『精神病は病気ではない』を書きましたのは平成四年のことで、初版本がその年の五月に出版されました。

従ってそこに書かれてあります多くの事例は、当然のことながら今からもうかれこれ十年以前のものということになります。が、今回のこの新装本を出版するに当たってすべてをゆっくり読み返してみましたところ、平成十四年の現在、私が今毎日のようにがっぷりと取っ組み合っている精神病の事例と、ほとんど同じというか少しも変わっていないことにあらためて驚いたり感じ入ったりしているところです。

足掛け十年もたちますと、私自身の精神病についての体験もそれだけ蓄積されますし、年齢とともに多少は深い部分にも思いが至るようになります。ですから、本の中で私が説いていたことに今では若干変化があっても不思議はないのですが、ところが今日ただ今に至っても、精神病とは何かという核心には全く間違いが無く、変化もなかったのです。

そのせいなのでしょうか、この十年の間、この『精神病は病気ではない』は、精神病の真実を説く唯一の原点として人々の間に生き生きと生き続け、たくさんの方々にずっと読まれ続けています。

このことは、家族の中に精神病者を抱えて、ただただ途方に暮れるだけであったご両親やご家族が、初めて前途に光明のような手掛かりを掴めたバイブル的な指導書・実用書として確立し得たことを意味しております。

つまり、十年も前から精神病というものの本当の姿・原因・そして解決への道を初めてはっきりと世に示し、今なお多くの人々に少しも変わることのない指針を与え続けて来たことで、精神病は決して病気などではないというこの真理を私自身ますます確信するとともに、現在大きな自負として毎日の活動の支えとしているところでもあります。

本当に、精神病とは理解し難い現象です。が、それは間違った解釈のもと肉体、特に脳や神経の『病気』ときめつけて『医者』が専門に扱って来たために余計にわかりにくくなってしまっているのです。

この本の題名の通り、精神病は『病気』などではありません。それなのに精神病を扱う病院があって、そこに精神科医がいます。一体何をするために病院があって医師がいるのでしょう。皆さんはもう既にそこで行われていることの空しさを悲痛な思いとともによくご存じのはずです。医学というような知識や学問の世界では、精神病の真実は掴まえられないのです。ですから、この本を知識や興味といった頭脳の作用で一生懸命に理解しようと、まるで『勉強』でもするように読もうとされても無意味です。

現代の物質万能の時代に生きて、経済効率だけを価値の基準として暮らしている私たち日本人が、今、日常的に考えもしない世界、一番忘れている世界の中にこそ実はその真実が明らかに存在しているのです。少々難しいことではありますが、その真実を説いたこの本をお読みになれば、それこそ目からウロコが落ちるようにご理解いただけることと思います。

少々難しいと申しましたのは、人間がこの世に生まれ出た以上、人間としてどう生きるべきなのかという根源のことを学ぶために、御仏という名で表現されたりしているいわば天地自然の大法則によって、人間がこの世で偉大な体験をさせられること、それがこの精神病というものだからです。ですから、そのことをきちんと知るかどうかが真の喜びにつながるただ一つの道なのです。

これは、私が一人の宗教者として精神病と真っ正面から取り組んだまるで修行のような長年の体験から得た大切な結論です。しかし、確かに私は僧侶ですが、この本を入り口にしてただやみくもに旧来の形ばかりの仏教信仰をお勧めしたりはいたしません。更にこの本は、今はやりの神秘追求型精神世界の研究書でもありませんし、ましてや金儲けのための怪しげな宗教への勧誘書でもありません。

前述しましたように、私はただただ精神病で苦しむ多くの人が、一日も早くその真実の原因を知り、人間が生きることの真の意味を自覚して、そして、その結果である本当の幸せを手にされるよう、ひたすらそのことを願っています。

最後にあらためて申します。精神病は、人間の、家族の、両親の、ご先祖の生きざまのこの世への厳粛なあらわれです。絶対に病気などではありません。

平成十四年　春

萩原　玄明

推薦のことば

善光寺住職
善光寺海外留学僧派遣育英会理事長
黒田武志

一昨年春、善光寺海外留学僧派遣育英会の仕事で理事長の私は、常務理事をお願いしている佐藤俊明老師とともに韓国を訪れた。その旅行中、佐藤老師は次のような話をされた。

「八王子の真言宗の寺のご住職で、萩原玄明という方が『死者は生きている』という本を出されている。読んでみたが確かに読みごたえのある本で、霊能力を人に見せびらかすだけのありきたりの本と違って、授かった霊能力をもって抜苦与楽の願行に自ら精進するとともに、正しい生き方に人を導く内容のもので、啓発されるところが大きかった。早速お目にかかっていろいろ話してみると、思ったとおり、宗門内で孤軍奮闘しておられる様子で、私から手紙をもらって、他宗の人が評価してくれたということでたいへん喜んでおられた。ぜひ一度、会ってみたらいいですよ」

と。

さて、韓国から帰った私は、翌々日、奈良県の信貴山に登り、三週間の断食修行にはいった。だが、終了後体調を崩し、すっかり痩せ細って、「あれはガンだ」と風評が立つまでになり、自らも一時は覚悟したほどだった。

折も折、まさにその時を待ちかねていたかのように、佐藤老師の紹介で萩原先生が訪ねて来られ、私の顔を見るなり、〝これは明らかに霊障だ〟と直感され、その夜、霊視をしてくださった。

「火事でお腹を黒焦げにして七転八倒している若い男の人。階段から走って降りてきた四、五歳の男の児。心当たりありませんか」

「心当たりないか」といわれるまでもなく、その言葉を耳にした途端、私は総身の血の凍る思いだった。というのは――

祖母は幼い父を連れて、ある寺の住職の後妻となった。先妻に子があり、その子はやがて自分はのけものにされるであろうことを独り合点し、寺に恨みの火を放った。それが隣寺と多くの民家を焼き尽くす大火となり、彼は猛火の中に身を投じたのだが、そのもっともひどく焼け焦げたお腹の部位が、実はその頃の私の激しく痛む腹部だったのである。

考えてみればまことに不愍《ふびん》な最期で、その想念の残らないはずはない。多くの方々に迷惑をかけたので、まともな供養もしてもらえなかったであろう。誰かに憑依して訴えたい気持はよくわかる。

次に階段から降りてきた四、五歳の子供。これは私の長兄である。四歳の時、疫痢に罹り、あっという間に息を引き取った。父母の悲嘆はたとえようもなく、子育て地蔵尊を建立し、千人講を創設して供養につとめたので、当然成佛しているとばかり思っていたが、しかし、考えてみれば、自分の死んだあとに生まれた弟たちから、「おにいちゃん、私たちだけ元気に成人してごめんね」と、声をかけてもらいたい気持があったのではなかろうか。供養を怠っていたことが反省させられる。

このように供養のゆき届いていない精霊はいくらでもあるはずだ。そこで私は爾来《じらい》毎月萩原先生に来寺を願い、私と妻の父方母方双方の先祖の供養を一人ずつおこなっている。おかげで私はすっかり健康を取り戻し、日日の激務をこなしてなお余りある体力と気力を保持している。

その萩原先生が今回『精神病は病気ではない』という本を出版された。これはまさに快挙であり、待望の書である。

精神病ほど悲惨な病気はなく、またこれほど難病はない。今日の進んだ医療の力をもってしても快癒の見込みは立ってないという。

書き上がったばかりの本書の原稿を読了して、私はふと、「衆生病むを以ての故にわれ病む」という言葉を思い出した。これは『維摩経』に出てくる言葉で、病気になった、というよりは病気の状態を呈した維摩居士を、お釈迦さまの弟子たちがお見舞した時の維摩居士の言葉である。

衆生とは、生きとし生けるもののことだが、人間に限定して〝社会〟と考えてみると「社会病むを以ての故にわれ病む」と読みかえることができる。社会を離れて個人はなく、個人を別にして社会はない。そうであれば社会が病いから救われない限り、自己の健康はあり得ない。社会悪を自らの悪徳として苦悩し、真に健康な健全な理想社会を具現すべく絶えず現実の社会悪と対決してゆく。これが大乗菩薩道である。そこで社会を家族に限定して考えると「家族病むを以ての故にわれ病む」ということになる。家族の病いを自分自らの心の病いとして内面化し苦悩し、家族全体の健全な生活実現のため、家族の病いと対決してゆく。それは、心からなる供養によって家族の肉体に憑依した先祖を想念から解放してあげることである。

このことをもっとも悲惨な難病、精神病に焦点を絞って詳述したのが本書であり、広く多くの人びとにお読みいただくことをお勧めする次第である。
最後に、萩原先生の、抜苦与楽の願行へのいっそうの御精進を祈念してペンを擱《お》くことにする。

平成四年三月吉日

◎◎新装版◎◎　精神病は病気ではない――もくじ

第五章　間違いだらけの慣習

第六章　精神病は必ず治る

1、針路に向かって

2、簡単ではない道のり

第七章　心の中の迷い道

第八章　供養で供養の心を知る

挿画・萩原玄明

第一章

精神病と呼ばれているもの

1. 精神病と取り組んで

●精神病は死者の魂の存在の証である

つい二、三年前までは、「精神病」という名で呼ばれている何かおそろしいようなイメージの病気と私が、このようにがっぷり取り組むことになろうとは、本当のところ考えてもいませんでした。ところが、或る時期から急に精神や神経系統のことで私の所へご相談にみえる方々が増加しはじめて、まるで、こうなることがずっと以前から定められていた私の使命だったのかと思えるほどに、現在はこの病気と真正面に取り組んだ毎日を送っています。

精神の障害は、その原因を探れば探るほど不可思議であり、しかもその症状は、本人はいうまでもなく、ご家族の皆さんにとって、苦しみと悲しみに満ちた実につらいものです。なんとかならないものかと必死にもがいても、解決の糸口すら見つけることができません。

そんな人々をただ黙ったまま手を拱《こまぬ》いていられなくなった私は、知人の精神科の医師から基礎的な話を聞いて歩いたりしましたが、調べれば調べるほど絶望的な思いに沈んでしまうだけでした。完治したという明るい話が聞こえて来ないのです。

ならば、あの気の毒な人たちは永遠に救われることがないのでしょうか。ほかの病気で私の所へ来た人々は皆さんが治癒という喜びを手に入れているのに、精神病はとても無理だとあきらめるしか途《みち》はないのでしょうか。

私は、この私を導き、私を教え育て、そしてこの私を使って世の人々を苦しみからお救い下さっている御佛《かみ》に、特に精神病との対決をさせて下さいと、連日お願いするようになりました。

さきほど、或る時期から急にと申しましたが、本当にレールのポイントが切り換わったかのように、私の所へ訪ねて来られる方々のほとんどすべてがといってもよいくらいに、精神病乃《ない》至《し》は神経系の病いによる悩みを訴えられるのです。以後今日に至るまでこの傾向は少しも変わらずに続いています。

しかし、どのお話も簡単な悩みではありません。うかがっていることさえつらくなるような、まるで地獄の日々の繰り返しといったお話ばかりです。

私は自《みず》ら御佛《かみ》にお願いした道ですので、いたらぬ自分を鞭打ちながら、一つ一つ真剣に取り組みました。見当違いをしてみたり、さっぱり先が見えて来ないもどかしさにイライラしてみたり、すべてが徒労に終わるのではと不安になったり、まさに試行錯誤のくり返しでした。

が、いつも御佛《かみ》に教えられているように、こうした体験こそが修行と思って、それぞれの症例と真正面から取り組みました。

「今、息子が暴れだして手がつけられません。家の者みんなでおさえつけているんですが……」

泣くような母親の電話で夜中に起こされることなど日常茶飯のことです。

しかし、こうしたことを積み重ねて行くうちに、私はこの病気のメカニズムが決して特殊な難しい仕組みのものではなく、いつも私が皆さんにお話して歩いている死者の魂の生存についての明快きわまる証《あかし》であることがよくわかって来ました。

私の前の著書である『死者は生きている』の最後の章に「精神病は病気ではない」として一

つの入り口をお示しできたのは、丁度その頃のことでした。

●苦しみや悲しみを受ける訳がある

一体どのような御佛《かみ》なのでしょうか、また、どうして私のような者をお使いになるのでしょうか。本当の御佛《かみ》は決して自分から名乗ったりなさいませんし、寡黙《かもく》です。

従って私は何もわからぬまま、自然体で毎夜まことに不思議な霊視を体験し続けています。そしてその霊視の中の映像が物語る内容をベースに、死者たちを成佛させるための供養を続けて、早いものでもう十四年になります。

供養の結果として、長い間の難病がすっかり治ったとか、家庭内のもめごとが霧のように解消したとか、報告を丁戴する私までが嬉しくなってしまうようなことを毎日のように体験させていただいています。しかし、こうした現象を、不思議だ不思議だとただありがたがっているだけではなく、もう一歩踏みこんで、今生きているこの世を人間としてどう生きるべきなのかを御佛《かみ》が教えようとしていらっしゃることの現れではなかろうかと、最近はそんなことを皆さんとご一緒に考える方向に歩き始めています。

確かに御佛《かみ》は、苦しみや悲しみをただ無目的に人間に与えていらっしゃるのではなく、それらの体験をすることによって人間が生きる上での正しい法則・摂理・秩序といったものを学ぶように導いておいでなのです。

●精神病から病人を救えるのは家族しかいない

それにしても、自分で自分が全く制御不可能になってしまう精神病というのは、本当に大変な病気です。家族の人もどうぞ軽症であってほしいと願う気持からか、相当な重症であっても「たいしたことではないのですが……」と妙に過少な表現をしたがります。いよいよ精神病院へ入院させるとなると、鉄格子のイメージからか、世間体を気にして拒否反応を示したり、或いはひた隠しに隠そうとしたりします。

こうしたご家族の姿を見ると、胸の内を察してなんともやるせない思いで一杯になってしまいます。そのため、人を救うという役目を負っていながら、つい泣き言を吐いて一切を放棄したくなってしまう時さえあります。

しかし、これも奥深い御佛《かみ》のご配慮なのでしょうか、私の気持をはげまし、ふるい立たせるようなことがしばしば起きるのです。

昨年の正月の四日。栃木県の或る娘さんから電話がありました。この娘さんは何年か前に母親と一緒に一度私の所へ見えたことがある人で、今、精神病で入院中なのだけれども、今日は正月で戻った自宅から電話をしているということでした。

「先生。お願いですから私が入っている病院へ来て下さい。そしてお医者さんに話して下さい。薬をのめのめとそればかりで少しも治せないんです。私の病気は、私の家の先祖の人たちを供養すれば治るんです。そのことを先生から話してやってほしいんです」

切々とした口調です。すがるような思いで電話をして来ている様子が手にとるようにわかりました。

「父はもう亡くなりまして、私は母と二人きりでこの家に住んでいます。ですから、私が早く治りさえすれば、腰が痛いと苦しんでいる母の手助けもできます。先生、お願いします」

私は、こういう電話を受けると胸がなんだか詰まってしまいます。だからといって、娘さんの希望通り病院へ行ってお医者さんに直接談判するというわけには常識的にまいりません。この娘さんが今の状態になっているのにはそれなりの原因があって、治すためにはとにかく母親が「供養」というものをよく理解することがどうしても必要なのです。

そこで私は、電話でこう話しました。

「そこに、あなたのお母さんはいるの？　だったらちょっと電話に出ていただきたいんだけど……そう、あなたが言うように、ご先祖の供養がとても大事だと思うので、お母さんにそのことをお話したいから……」

「駄目です」

「どうして？」

「お母さんは電話に出てくれません」

「……」

「お母さんはこう言うんです。お前は頭がおかしくなったんだから、余計なことを言わずに病院に入っていればそれでいいんだって……」

そんな滅茶苦茶なひどいことを言う親はあるまいと思って、お母さんを電話口に出すように何度もくりかえしていますと、やっと渋々といった感じで母親が電話に出ました。

「あ、お母さんですか。あのですね……」

言いかける私にお構いなく、

「ええ、ええ」

と意味のわからない返事をしてみせて、すぐにガチャリと電話を切ってしまったのです。電話の向こう側の、娘と母親の姿が私には手にとるようによく見えました。必死の娘の願いも、母親の目からすると気が狂った情けない症状の一つとしか見えないのでしょうが、母親なら娘の願いをやさしく汲み上げてやったらどうなのでしょう。可哀想にこの娘に今手を貸してやれるのは、この母親ただ一人しかいないのでしょうに。

私は怒りがこみ上げて来て思わず「馬鹿！」と怒鳴ってしまいました。

電話はもう切れています。私はしばらくの間、娘さんのことが可哀想でその場に座りこんでしまったほどでした。いらいらと呼吸が乱れ、そして、その夜はなんとも悲しく重苦しい気持のまま更けてしまいました。

本人を救えるのは、親や家族である皆さんしかありません。それなのに、その肝心な親や家族が、病者は気が狂ったために何か変なことを口走ったり奇行を繰り返したりしているのだと嘆くことだけに明け暮れていたのでは、絶対に解決の扉は開かれて行きません。

本人に、狂ってしまった原因は、一つもないのです。

それなのに、本人に治癒のための努力を無理矢理させている親までいます。何かに精神を集中させればなどという思いつきで精神修行などさせているのは見当違いであるばかりか危険でさえあります。

狂ったわが子の言動を見ながら嘆き悲しむ親――実はその親の生きざまの中にこそ、本当の核心的な原因があるのです。

病者本人には何も原因がないのに、本人を責めていろいろ努力させようとするのは、あまりにも可哀想です。

2. 症状が語ってくれるもの

●症状には重大な手掛かりが隠れている

精神病の症状は実に多様です。それらの分類整理は学者にお任せするとして、奇言奇行の初めの段階の症状をランダムにいくつか挙げてみたいと思います。

思春期にまで成長したわが子が、或る日突然自分の糞を手摑みにして「はい、お母さん」と幼児の如く突き出すのを見れば、ああ、わが子が狂ってしまったと驚き悲しむのも当然ですが、こうした状態になる以前にかすかな異変は必ずあったはずです。

たとえば、全く食欲が無いといって一日中自室に閉じこもり、学校へも行かなくなるといった変調です。こんな時、親はまさかわが子が精神病などに――と思います。いや、思いたがります。それが人間というものでしょう。

しかし「この程度のものならストレスや疲労から来たものだろう」などと、なるべくおそろしい結論を出さないようにして見守っているうちに、どんどん悪化してしまったという例は大変多いのです。

とにかく一番最初は、本人が異常を訴えます。どうも普通ではない何ごとかが自分自身の中に起こっていると自覚できるからです。

訴えてもとり合ってもらえなかったり、宥《なだ》められたりすると、激しく怒るか、または自分一人の殻の中に閉じこもり始めます。

そのうちに訴える内容が異常の度合いを徐々に増して来ます。

金縛りにあってとても怖い。おそろしい顔や姿が見える。なんとなくあたりが騒がしく思える。大事な物が盗まれてしまう気がして心配である。部屋中に白い煙のようなものがたちこめる。

まだまだあります。

見張られているようで落ち着かない。何かをしようとするのだが、何ものかに邪魔されて何もできない。頭の中が蜂の巣になってしまってパニック状態である。出口を失った幽霊たちが枕もとにたむろする。お前を殺しに来たという声がする――等々。

訴える内容は実にさまざまですが、どこかに共通したものがあるように思えます。従って多様な表現内容を症状別に大きく括《くく》って見ることにしました。

⊙誰かと対話している。

親しげに会話している。汚い乱暴な言葉でののしり合う。ぶつぶつ不満そうにつぶやき続ける。

⊙日常の生活リズムが乱れる。

昼夜の区別がなくなる。食欲があったり、なかったり、バランスがこわれる。外出ができなくなる。

⦿人格が大きく変わる。

盗癖がはじまる。暗くふさいでいる。口を全くきかなくなる。暴力をふるいはじめる。怒って大声を出す。

⦿意味不明のことを一生けんめいに話す。

叫ぶ、笑う、歌う、泣く——等々。

これらは一見脈絡のないバラバラの症状に見えますが、一つ一つに重大な主張が隠されているのだと考えて、優しくその真意を汲み取ってやろうと努力してみて下さい。直接表現ではなく、或る状況の間接的な説明であることも多いので、その意味しているものを周囲の人がしっかり受けとめてあげようとして下さい。

気が狂った、頭が壊れてしまったと、先ほどの電話の母親のように冷たく投げ捨ててしまったのでは、この大きな犠牲が意味する大事なものに遂に気がつくことができず、解決は絶望的となります。

3. 精神病の正体は何か

●専門医も認めた医学の限界

ある精神科の有名なお医者さんが私にこう言いました。

「いや回診に歩いているとよくわかるよ。患者たちには、みんな何かが憑《つ》いているんだ。脳のどの部分がどう故障したというようないわゆる病気なら医学で治せる。が、憑いているものを医者の力じゃどうにもならん。あんたみたいな人に大いに頑張ってもらわなくてはいかんよ」

私への激励の意味もあってのお言葉でしょうが、事実、現在の医術が精神病にしていることの範囲は大変にせまいと言わざるを得ません。

一口に申せば、症状の軽減だけを目的にした対症療法として、専ら薬の投与に頼ったものが中心になっていると言えます。

この薬がまた強くて、しかも副作用が大きいのです。暴れて手がつけられない人にはグッタリと静かになってしまうような薬を、そして反対にふさぎこんでいる人には何故か妙に元気になる薬を、といったふうに、肉体の故障を修繕するべく薬また薬です。それでいて、そうした薬漬けといえるほど大量の薬を投与したところで残念ながら完全な治癒は無理なのです。症状が軽減したように見えたところで「よし治った」ということで退院させられますが、やがてまた再発したような状態になり、そして再入院です。精神病はさっぱり治らないし、投薬の副作用で別の病気にはなってしまうで、結果的にはさんざんなめに合うことになります。

私の所へおいでになる方々はこうした経緯を通ったのちに、それこそ最後の賭けとでもいうように一縷《いちる》の望みを託して来られます。

この方々のお話を聞くまでもなく、この世で精神病といわれている意識の障害は、残念ながら病院では治らないのです。

医学を否定したり誹謗《ひぼう》したりするつもりでこんなことを言っているのではありません。精神病はいわゆる「病気」ではないのですから、医術では完治しないのです。

ならば一体何なのでしょう。

精神病という名で一括されている人間の特異な症状は、なんと心霊の意識・想いの働きそのものなのです。

●精神病は死者が憑依した現象

何かがとり憑《つ》いた――ということが昔からよくありました。言葉通りまさに何かが憑依《ひょうい》したのですが、はっきりそうと説きあかしたものが過去に一つもありませんでしたので、こうした現象の存在をなかなか信じられないのも当然です。

医術に見はなされたのちには、もう頼るものがありませんので、結局現代でもほとんどの人が、あやしげな拝み屋とか偽の霊能者とかいうところを回って歩くことになります。

ところが、何がどうしてとり憑いたのか、どうしてわが家族が狙われたのか、また、とり憑かれたら何故気が狂ってしまうのか、そして何よりも、一体どうしたら元にもどることができるのか。これらの疑問に対して、正規の宗教者が一人として正しい指針を示していません。無言です。

前述のようなあやしげな人々が、いわゆる「おはらい」の類《たぐ》いをしてくれるのですが、それでは一時的に快方に向かうかに見えることがあったとしても、すぐにもと通りになってしまうだけで少しも治りません。祓《はら》うのも払《はら》うのも同じことで、そんなことでは絶対に駄目なのです。

後に詳述いたしますが、精神病とは一口に言って「死者の意識が生者の肉体を借りるために起きる生者の意識の異常現象」なのです。

では何故生者に入りこむのか。目的は一体何かということです。これは、死者が己れの意識の苦しみに耐えかねて、その解決を生者に依頼しようとしての想いの行動なのですが、しかし、そのような理屈で明快に分析できる世界の現象とはどうも著しく異なるようです。死者の意識が生者に入って来るというこの現象は、人間がいくらいやだご免だと叫んでも全く無力で、来るものは来てしまいます。また、やみくもに拝んだり払ったりしても、そんなことで決して去って行ってくれないのです。

が、問題解決のキイはあります。

私たち——この世に今生きている人間にも、肉体のほかに死者と同じように意識体・魂というものがあるのですから、死者たちのそれとの間に接点が全く持てないわけではありません。人間の魂と死者の魂はお互いに通い合えるのです。

死者をただおそれたり嫌ったり、そして挙句の果てに死者から逃げ出す算段ばかりするようなことなく、きちんと死者と向き合ってみることです。そして優しく彼らの主張に耳を傾けて上げるのです。今まで何一つ聞いてあげようとしなかったことを心からお詫びするのです。

死者は私たちと同じ人間です。同じような心理作用がありますし、性格もよく似ています。死者との対話による意識の通い合い・交流は誰にでも可能なのです。

こうした問題解決のためのキイをお話しても、頭から「そんな馬鹿な」と、死者の魂が生きていて作用して来ることを信じない人がいます。

理屈に合わないというのです。理屈とは何でしょう。そんなに大変なものなのですか。いつからそんなに大切なものと思いこんでしまっているのですか。

僅《わず》かばかりの知識や学問を、自分だけでたいしたつもりになっている人に特にこの傾向が見られます。そしてまた不思議なことに、こういう人にきびしく反省を求めるように、子弟に問題が多発しています。今こそ翻然《ほんぜん》と過去の自分を否定してみて下さい。もし、それができないなら、今直ちにこの本を捨て、病院の強い薬だけを信ずるようおすすめします。

4．死者との不思議な符合

●熱心な供養には死者も協力してくれる

私のところで熱心に供養をなさったTさんという方がいます。四十三歳になる奥さんに三年ほど前から異常が見え始め、隣町の神社へ参拝に行って帰って来ると、その日からブツブツとひとり言をいうようになってしまいました。

Tさんは二十年も共に暮らして来た愛妻のこの姿に困り果て、知人に相談して、いろいろな霊能者・行者のところを回って歩きました。悪霊が憑《つ》いていると言われれば、それを確かめる手段もありませんし、ただ素直に信ずるだけです。

「では、どうしたらよいのでしょう」

「私が祓《はら》ってあげよう。それで大丈夫」

こうして高い料金を支払って、あちらこちらと歩きましたが、どうもいい結果を得られません。

Tさんは、そんな状態の妻を一人きりにしたまま会社へ出勤することもできないので、仕方なく奥さんを精神病院に入院させました。すると奥さんは、病院で飲まされる薬で、口が思うように開かなくなり、遂に呂律《ろれつ》が回らなくなってしまったのです。グッタリとしゃべり方まで変わってしまった妻と面会してTさんは、病院では絶対に妻を治せないのだと、その時確信したそうです。

Tさんは、奥さんの症状をじっと観察していると、どうも自分の先祖の誰かがいつも妻の身体の中にいるように思えてならなかったので、それなら、そういう先祖が喜ぶことは一体何だろうと必死に考えるようになって行きました。

実家の古い崩れかかった墓石を修理したり、先祖が喜ぶだろうと思えるいろいろなことを一生けんめいやってみました。が、奥さんの状態はさっぱり好転しません。でもTさんは、先祖のことをトコトンやる以外に妻を救える道はないと、どうしてもそう思えてならなかったのです。

丁度そんな頃に私の本『死者は生きている』に出会ったというのですから、御佛《かみ》の設定なさるご縁というのは本当に不思議なものです。

私のところへ来られたTさんは、苦しみ抜いた人が皆さんそうであるように、決意みたいなものを持っていて、何のためらいもなく一心に供養の日々へと入って行きました。

素直な気持で、しかも前向きに供養を進めて行く人には、死者側からも一生けんめい協力してくれるのでしょう。これもまた大変不思議なことですが、霊視が実にはっきりしていてわかりやすいのです。確かに、求める心も持ち合わせず、霊視を占いか夢判断程度のものと考えて待っている人には、とてもすぐには理解できないような難しい映像通信しか送ってもらえないことが多いのです。

●生前の心残りが霊障になる

Tさんの霊視には、Tさんの父親が生前に仕事でさまざまな失敗をして苦しんだ情景や、先に亡くなった先妻さんに生前少しも優しい思いをかけなかったことへの強い反省をはっきり見せて来ました。

こうした反省に苦しむ意識が、この世へ向かっての発動に最も多くつながります。

生きている間に果たし損なった気掛かりな件を、反省に苦しんだ末に今からでも片付けようとあせるのですが、無念なことに自分の肉体はもうありません。ですから行動によって想いを果たすことができず、不安定な想いのまま子孫を頼って来て、自分に代わって果たしてほしいと訴えることになります。

こんな想いの死者が肉親・血縁の中に多数存在することは容易に想像できます。後悔に苦しまないような暮らしを、生前から心掛けていた人がたくさんいたとはとても思えません。

多数というのは、今思い出そうとしてすぐに思い出せるような死者の範囲をはるかに超えた数に違いないということです。

Tさんには自分の実の兄弟が何人かありましたが、どう説明しても理解してくれそうにない彼らをいちいち引摺って来て供養の場に座らせるのも面倒と、自分一人で兄弟すべてを代表して供養をして行こうと決心しました。

成佛できずに苦しんでいる父親や、その先妻はもちろんのこと、その両親・兄弟姉妹にいたるまで、とにかく自分の両親に関わる一切の縁者の供養を、Tさんは心をこめて熱心に開始したのです。

日曜日は当然ですが、平日でも昼休みの時間を利用して上司の許可をもらっては供養にとんで来ました。

奥さんを何としてでも以前の姿に戻してやりたい。こうした奥さんへの本当の愛情があってはじめてできることです。奥さんがこんな風になると嫌って避けるだけの夫がよくいます。よく効くと聞けば劇薬であっても飲ませたがるくせに、供養となると何故そんなものをと理屈だけ並べる人もいます。

Tさんのように奥さんを愛している人は、亡くなった先祖や兄弟姉妹にも優しい思いやりがかけられます。死者たちをやさしく偲べる人は、本当に家族を愛している人です。

幾分状態が好転して来たようだし、薬からのがれたい気持もあって、Tさんは奥さんを退院させて自宅へ連れて帰りました。

或る日、Tさんの要請もあって、私はお宅へお邪魔することにしました。

お訪ねした私に、Tさんが奥さんを紹介なさいました。美しい奥さんでした。

「萩原でございます。いつもご主人にはお世話になっています」

そういって挨拶した私を、奥さんは不思議そうに見ておいででしたが、

「私、この人の妻ではありませんよ」

と、Tさんを見返ります。びっくりした私が、少し間をおいてこう言いました。

「あなたはTさんの奥さんでしょう」

「いいえ、このTさんとは七年前に離婚していますよ」

本当にそうなのですかという私の顔に、Tさんは「いつもこうなんです」と、ため息まじりに苦笑してみせるのです。

こんな妙な会話さえなければ、とても異常とは思えない奥さんの表情に、私は余計に胸が痛みました。奥さんは、すました顔で更に続けます。

「この土地も私の実家の土地でしてね。Tさんのものではありませんよ」

Tさんに確かめてみますと、

「いや、事実ではありません。どうも何か土地とか不動産などに執着している人が、家内の中に入っているみたいで、権利証がどうとか、そんなことばかり言うんです。それから時々、天皇陛下がどうされたとか、皇居に関することを言うんですよ」

そこで私が奥さんに訊ねてみました。

「あなたは皇居においでだったんですか」

「ええそうですよ。皇居が火災になった時、私が裏門をあけて皆さんを助けました」

と、よどみなく答えるのです。

Tさんは、まだこんな調子なのですと言いたげに悲しい目配せを私にします。

夫を他人のようにTさんと呼び、わけのわからぬことを言う姿を、ただ狂気という一言で処断し、脳という肉体器管の故障として見てしまっては絶対にいけません。Tさんが、家内の中に誰かが入っているみたいだと言われたことは正しいのです。愛情をもって見つめる家族の目には、真実が必ず読み取れるはずです。

その後のことを急いでお話しましょう。霊視の中に出て来たお祖母さんについて調べた結果、宮中に勤務した経歴のあることがわかりました。更にその祖母の実家の家系の或る人の供養が終わると、もうそれからは、権利証のことも、皇居のことも、ぴたりと奥さんが口にしなくなったのです。

こうした事例は数えきれません。

Tさんは或る日、病院へ行って担当の若いお医者さんと懇談しながら卒直にこう言ってみたのだそうです。

「医師である先生には信じられないことかもしれませんが、実は、妻がここまで快方に向かって来たのは供養によってなんです。一人の供養をすると、症状の一つが消えて行くのです。その様子を見ていると、妻の具合が悪かったのは、死んだ人の意識というか、想いみたいなものが妻の身体に憑《つ》いていたからなんだとはっきり思います。医学の分野ではないことと思うのですが、先生、本当に医学で精神病が治せるんでしょうか」

すると、その若い医師は、反駁《ぱく》したり、立腹したりせずに、静かにこう答えたそうです。

「薬や電気などを使って、患者の症状を抑制することは確かにできます。が、その症状を根本から治して完全にもとの正常な状態にすることは残念ながらできません」

　この若いドクターのように、正直に事実を直視してこそ、出口のない洞窟に頭をつっこんだままストップしている精神医学に、新しい転機がやって来るのだと私は嬉しく思いました。

　その後の奥さんは、今やすっかり回復なさって、自宅でTさんと昔ながらに暮らしておいでです。Tさんがここまで頑張れたのは、死者というものが確かに生きて存在していて、その意識をこの世に作用させて来るということを理屈抜きに信じたからのことです。

　今、精神病という名の苦難を受けている人たちが、このTさんの体験と明るい結果を前途の光明として悩みや迷いをたち切り、ひたすら死者を思うことの大切さに一日も早く目覚めて下さるよう願うものです。

●奇言奇行は死者の生前そのもの

ところで、Tさんの奥さんが口にした皇居や土地の問題などのように、症状としてみせる奇言奇行が、あとで調べてみると死者の生前の言動とぴたりと符合《ふごう》していることがわかってびっくりします。

たとえば、或る青年がどうしてか急に頭の上にタオルをたたんで乗せるという症状を見せ始めたというケースがあります。以前は全くそんな癖などなかったのに、近頃では食事中でも何でもタオルを頭の上からおろそうとしません。

そのうちに家族の一人が、霊視に出て来たお祖父さんが生前によく手拭いを頭に乗せていたことを思い出しました。そこでみんなでそんな追憶のいくつかを話題にしながら祖父の供養を済ませたのですが、すると、それ以後はぴたりとタオルを乗せなくなったのです。が、残念なことに、祖父らしいその仕草《しぐさ》だけは停止したものの、それ以外の症状にまださしたる好転がみられず、目下、家族の皆さんで更に別の死者につき調査を続けている段階にあります。

これと似た大変わかりやすい事例に「マフラーを返せ」と怒鳴って暴れる青年がありました。両親や祖母など家族でマフラーについての記憶をたどりましたが、さっぱり見当がつきません。そのうちに、祖父が生前に自分の弟にオーバーコートを貸したことがあったと、祖母が思い出しました。

「そのオーバーは確かに返してもらっているんだけど、ひょっとしたら、その時、マフラーが一緒だったのに、マフラーだけまだ返してもらってなかったのかもしれないね」

とすると、この症状の原因は祖父に違いないということになりますが、しかしマフラーがどうなったのか、今から確認するすべはありません。

よくこんな場合、理屈で詰めて考えてまるで推理小説の証拠探しのようにマフラーを追究し、挙句の果てに見つからないから仕方がないと、せっかくの糸口を捨ててしまうことがあります。死者はその「想い」を示そうとしているのですから、理屈で考えては何もわかりません。この場合、祖母の記憶をよび起こすことにメインの目的があったのです。

案の定、祖父が話題となり、家族の心の中に祖父への追憶が溢れて来ると、とたんにこの息子はマフラーを返せと怒鳴ることも暴れることも完全にストップしたのです。

それにしても、生前、社会的にもしかるべき貢献をしたであろう祖父が、死んだのちにこうしてマフラーごときもの一枚にまだこだわっているのでしょうか。事実、このように身辺の些細なことに想いを残しているらしい現象は非常に多いのです。自分が死んでしまっているという自覚がしっかりしていれば、こんな身辺のことなどに、くよくよしたりイライラしたりすることもないのでしょうが、まだ生きてこの世に在るようなつもりでいると、身辺のことの処理や解決についていつまでも意識が働いてしまうもののようです。まことに情け無い死後のありさまといわなくてはなりません。

しかし、こうしたつまらない日常的なテーマでなければ、私たち人間の愚かな心では祖父へと思いがつながって行きません。死者たちと私たちこの世の人間との間をつかさどっていらっしゃる御佛《かみ》が、あえて察知し易いテーマを用い、人間たちに素早く記憶を呼び戻させようとして下さったものかもしれません。マフラーの例でいうならば、やれオーバーだマフラーだとそんな程度のことだったらすぐに思い出せる祖母という人間のことを、よくわかっている死者・祖父の巧みな表現だったといえるように思います。

いずれにしても、この場合は祖父の意識が孫の肉体を借りて暴れてみせたことだけははっきりしています。

暴れるとか、怒鳴るとかいう症状は、ストレートな死者の意識・感情の表出と思って間違いありません。

●暴れていた息子が大人しくなる

もう一つ——蔵の中へ、誰のものかよくわからないし、相当古いものだからと、いくつかの位牌を片付けてしまってあった家のことです。この位牌が気になって、蔵から取り出し、佛壇の中に置いた途端、長年の間暴れて手がつけられなかった息子が、一ぺんに静かになってしまったという不思議な事例もあります。

また、夜中に暴れて危険なので、家中が涙ながらに息子をロープで縛り上げるという悲しくつらいことを、毎夜のようにくり返えしているお宅でのことです。母親が、ふと息子の仕ぐさから或る血縁の人を連想したので、縛りながら息子にこう言いました。

「もしかして、あなたは誰々さんじゃありませんか」

すると、それがみごとに言い当たったかのように、息子が急に大人しくなって、実に安らかな表情を見せたのです。こうした現象が単なる偶然であるはずがありません。

こうした暴れるタイプの症状を示す当のご本人が、家族に連れられて私のところへ見えることもよくあります。すると、家族が首をかしげるほどに、おだやかな表情になっているのです。絶対に暴れたりはしません。

また、母親が私のところへ、「これから供養に行って来る」と外出の支度をしていると、

「お母さん、気をつけて行ってらっしゃい」と、きわめて上機嫌でいるという話もよく聞きます。

私のところには佛像も安置されていますので、こうしたことはそういう御佛《かみ》のお力によるものだと言うと、なんとなく納得し易いでしょうが、決してそんなことではありません。

私のところへ家族が来るということは、すなわち供養が目的です。一人の死者の供養が終われば、また日をあらためて別の死者の供養をします。供養の大切さを体験した家族は、一人また一人と、死者を追慕《ついぼ》し、供養をして行きます。

このことを死者はよくわかっているのでしょう。一人ずつの供養が進んで、やがては確実に自分の番が来ることを承知しているのです。死者にしてみれば、待ちに待った喜びへの第一歩で、それこそホッとした思いなのでしょう。生者の肉体を借りて自己主張していた甲斐があったというわけですから。

●死者は供養を心待ちにしている

「今、息子が暴れていて手がつけられないんです。助けて下さい！」

よくよくのことでしょう。思いあまっての悲痛なお声で夜中に電話がかかります。

「大丈夫。息子さんを電話に出して下さい」

不思議に息子さんはちゃんと電話口に出るのです。私は、彼の肉体を借りている死者に聞いてもらうつもりで、落ち着いて話しかけます。

「今ね、ご両親がお宅のご先祖やご縁の方々を一人一人ご供養しようと始めた時でしょう？　知っていますね？　だから、今、君の肉体に入って怒っている人が誰かということも、そのうちにちゃんとわかって、必ずご供養することになると思うよ」

「……」

「それからね、こうやって私が君に向かって話している内容も、全部聞いているはずだから、きっと君の身体からすぐに意識を離してくれると思うよ。だから安心しなさい」

「……はい」

息子さんは急に大人しくなるのです。翌朝の両親からの報告によると、あの電話を切ると息子さんは、すぐにニコニコして、暴れていたのが嘘みたいに静かに床についたということでした。

最近はこうしたことも、もう確実な現象と断言できるほど日常的にたくさん経験させていただいています。

これらは、或る意識、住むべき肉体の消滅にあわてふためいた意識が、さまよい歩いて苦しんだ挙句に、縁ある生者の肉体を借りて自己主張する現象であることは、もう否定することができません。

●肉体を借りるとは？

借りるといっても、どのようにどれほどと一口に表現し難いほどに、実にさまざまな態様があります。

まず、肉体を借りて入り込んでいる死者の数は、決して一人だけということはありません。ほとんどが複数で、多い時もあれば少数の場合もあります。その死者たちが入ったまま居座っていることもあれば、また、出たり入ったりと複雑な動きを示すことも多々ありあります。その入り方にしても、全面占領に近い場合もあれば、時折、ほんの少しというのもあります。

精神病を病気として診断した場合、症状によって重症だ軽症だと分類しているようですが、既にご理解いただけたように、病気の重い軽いという尺度では計れません。死者がこの世の人間の肉体をどのようにどの程度占領しているかという「憑依《ひょうい》」の態様に差異があるだけです。

では、憑依されたらどうしたらよいのか。

そうです。本当にどうしたらよいものか、それこそが最大関心事であり、切実な問題でありますが、私はここではっきり申し上げておきたいと思います。

解決への道はとても大変ですが、しかし必ず解決します。つまり、治るのです。

●解決への道のり

とても大変とはどう大変なのか。そして何故大変なのでしょうか。

それは、誰もが都合のいい、便利で、しかも楽な解決法を、簡単に教えてもらえて当然と考えているからです。この病気の解決は、金銭をいくら積んでも駄目、日本人お得意の自虐的過ぎる肉体修行も駄目、更に一生けんめい勉強して頭脳で打開策を発見しようとしても科学では全く駄目なのです。

何かを訴えて来ている死者、すなわち成佛していない死者と意識を通わすことこそがまず第一の前提となるのですが、そのためにはこれでもかというほどに自分を素直な心にして、死者と共通の世界に身を置かなくてはなりません。死者を思いやる気持を純粋に高めた対話によって、死者ははじめて納得し、佛の世界へと立ち去ってくれます。

おまじないとか祈りとか、形で理解しやすいもので解決してくれるならば、誰もが簡単に学習して会得できるでしょうが、自分の心の在りようとなると、これほど難しいものはありません。

しかし、それだからこそ御佛《かみ》は私たち人間に苦難を与えて下さっているのです。今現在の苦しみが大きく深刻であればあるほど、その体験によって「心」が磨けます。回り道どころか苦難こそが解決への近道なのです。

御佛《かみ》はやみくもに戸を閉《とざ》したりなさいません。先が真っ暗のように見えていて、実は御《か》佛《み》がきちんと道をお作りになった上で眺めておいでなのです。本当に苦しみ抜いた人なら、死者に通じる素直な心を作ることなど簡単なことに違いありません。

第二章

憑依の実際

●憑依とは？

狐や狸が憑《つ》いたというような昔噺がありますが、ここでいう憑依《ひょうい》とは、人間の身体の中へ別人の意識・魂がのりうつってしまう現象のことです。

こんな現象が現実にあるなどとは、以前には考えも及びませんでしたが、数年前から私の周辺でまぎれもない憑依現象をいくつも体験させられることとなり、それらの体験から憑依して来た死者とどう交流し合い、どう納得してもらったらいいのかを、ようやく把握することができました。

この章では「憑依の実際」ということで三つの特徴的な事例を紹介したいと思います。平成元年九月二十四日に日本心霊科学協会で講演させていただいた際の私の体験談をベースにして改めて整理してみました。章の題名通り、この現象のナマの姿ばかりです。

精神病との対決にあたって、まず、この憑依なるものの実態を、現実にこの世で日常的に起きているものとしてご理解いただくことが何よりも大切と思ってのことです。

1. 三鷹市の少女の場合

●次々に現れた九人の死者

大分以前のことです。昭和五十九年の十一月、珍らしく雪がチラチラした日がありましたが、その日突然にこんな電話がきました。

「娘が変になってしまったのです。そちらへうかがいたいのですが……」

私がテレビで紹介されたあとでしたので、それでおそらくテレビ局に電話番号を問合わせたりなさったのでしょう。

私が、電話に本人を出すようにと申しますと、本人の伯母に当たるという初めの電話の人が「出なさい、出なさい」と一生けんめいに言う声が聞こえて来ます。が、唸っているような声がするばかりで、本人が電話に出ることはどうも無理な様子でした。

「それでは、そのまますぐにこっちへ連れていらっしゃい」

そこで、その娘さんと、父親と伯母、そしてお祖母さんの四人が私の寺へ来ました。娘さんは放心状態で、パジャマ姿のまま抱えられています。その娘さんの母親は自殺で、既に他界しているということでした。

娘さんは十七歳。仮にY子さんとしておきます。

「頑張るんだよ」

と、私が言うと、Y子さんは悲しそうに、

「先生、助けて下さい」

自分自身の状態に自分自身が困り果てている様子です。

「ああ、わかった。大丈夫だよ」

座らせようと私が彼女を抱えた途端、突然お爺さんのような声を出すのです。

「うるさい！」

私は驚いてY子さんをはなして、父親をふりかえりました。

「今、うるさいって言ったのは、男の年寄りみたいだったけど、誰？」

「え？　誰って……わかりません。ずっとそんな調子で怒っているんです」

「あ、そう」

私は気持を落ち着かせて、Y子さんに向かって質問を始めました。すると、

「わしは大正十五年に死んだ者だ」

といって、僧侶のような名を名のります。

「あなた、お坊さんですか？」

「そうだ」

「なぜ、あなたはこのY子ちゃんの体を借りたりしたんですか」

「うるさいな、そんなことといいじゃないか」

「よくないでしょう。Y子ちゃんはあなたに無関係な人なのに」

「関係あるさ」

「だったら尚更じゃないですか。いつまでもこんなことしていたら、Y子ちゃんが可哀想なだけではなく、あなたも苦しみが続くだけですよ。そればかりか大きな罪をまた一つ作ることになってしまって、あなたはますます成佛できなくなりますよ。大正十五年という昔に死んでしまっているのに、今なぜこんなことをするんです。あなたもお坊さんなら私の読経が理解できるでしょうから、それを聞いて速やかに帰るべき所へお帰り下さい」

私もこうしたケースは初めてのことでしたが、ちょうど若い者もいましたので一緒にいつもの供養と同じように、本堂でこの人の成佛を念じました。

するとこの人の場合は非常に早く、

「わかった、わかったよ」

背後のY子さんからそんな声が聞こえましたので「あ、行ったな」と思いました。

そこでホッと祭壇から降りて、Y子さんの肩に手を置き「よかったね」と声をかけた途端、なんとガラリと態度が変わって、今度は女の人が入っているみたいなのです。

「あれ……あなた、誰なんです」

「私は昭和三十何年に亡くなった〇〇です」

このような調子で、その日は全部で九名の人が代わるがわる現れました。その中に、昭和五十一年に神奈川県の相模原で、恋人に殺され、井戸の中へ投げ込まれたという女性が出て来ました。

「そう。気の毒だったね。しかし、その恋人を恨まない方がいいよ。その人にはね、何か悪い因縁があってそういうことをしてしまったのだし、本人の魂は永久にそのことを反省しなければならないんだからね。あなたは彼を許してあげなければ……」

この女性は彼を大変愛していたらしく、恨みは比較的少ないようでした。さっきのお爺さんと同じように供養を始めようとすると、脇にいた伯母の人が急に、

「先生、ちょっと待って下さい。どうしたんでしょう、この娘《こ》、お腹《なか》が大きくなって来ちゃって……」

「何ですって」

見ると、なるほどもう何日も食事をのどに通さなかったというY子さんのお腹が大きくふくれ上がっています。私は、憑依している女性が訴えたかったことがわかったような気がしました。

「あなた、妊娠していたんだね」

「はい」

「この子を生んで死んだの」

「お腹の中で一緒に死にました」

「……それじゃ、あなたは、男の子だったか女の子だったかわかるでしょう」

「はい、この子は男の子です」

「そう。それじゃ、あなたと一緒にご供養していいかな」

「お願いします」

「では、名前が無いと可愛想だから名前を付けましょう」

それで確か洋一という名前をつけ、母親の名前と一緒に唱えて供養をしました。

終わってY子さんをふりかえると、お腹のふくらみが完全に消えています。

私は今、真実私が体験したことだけを記しています。不思議でならない出来事を「そんな馬鹿なことがあるものか」と否定したり、一生けんめいに納得しやすいような理屈をつけてみようと努力する人がよくあります。確かに、不思議なことをそのまますぐに信じてしまうのはだれでも抵抗があるかもしれません。

しかし、こうして次々に入れかわり立ちかわり何人もの憑依霊が出て来て、Y子さんとは全く別人の意識を私たちに見せるという現象が現実に起きているという事実を、まず率直に認識していただかなくてはならないと思います。

●「おはらい」は本当の解決ではない

Y子さんには、最後にY子さんと同年輩の娘が憑依しました。この時のY子さん自身の姿が、精神病の症状と酷似しているのです。

憑依霊の作用という認識が無ければ、Y子さんは気が狂った——で終わってしまいます。そこのところをぜひお読みとり下さい。

「あなた、どうしてY子ちゃんの体を借りているの？　あなたがいつまでもそうしているんで、Y子ちゃんずっと何も食べていないんだよ。これじゃY子ちゃんの体がまいってしまう。そうなるとあなたも困るんじゃないの」

「そうなのよ、この人、大変なのよ」

自分が憑依してしまった人の体が大変だということをよく知っているらしいのです。更にしっかりした口調でこんなことを言います。

「ただこの人は今精神的におかしくなっているので、注射をして眠らせてしまったら楽にすることができますよ。そうだ、M市のT病院の神経科に〇〇先生がいるから、私から電話しましょう」

これには私もびっくりしました。T病院の電話番号を私が調べて示しますと、さっさと自分でそこへ電話をかけます。

念のためにもう一度申しますと、或る若い女性に憑依されたらしいY子さんが、しゃんと背筋を伸ばして電話をしているわけです。

「もしもし、T病院ですか。精神科の〇〇先生いらっしゃいますか」

どういう用件かと先方が聞いているようでした。

「実は私のお友だちが、今ここで精神的におかしくなっておりまして……」

自分が入りこんで、そして、その入りこまれた体で電話をしているのですから、傍にいる私までおかしくなりそうです。

「……それで体がもたなくなっているので、○○的処置（難しい医学用語を使う）をすれば、この人の体がもちます。ですからすみませんが先生をお願いします」

病院の方では二、三応答しているうちに、何事か察したようです。なるほど専門の病院などでは、こうした電話にもきっと慣れているのだろうと妙な感心をしているうちに、先方が電話を切ってしまったようでした。

「困りました。電話が切れました」

「でも、Y子ちゃんの体のためには、あなたがY子ちゃんから離れればすむことじゃないですか。あなた、今自分ではない人の体を借りていることがわからないのかな」

「でも、私がいないと、この人の体はもたないのです。だから私がついていてあげているんです」

「あ、そう。それじゃ、あなた、ここでご飯を食べて行って下さい。Y子ちゃんは、食べていないんで衰弱しているから……」

私も徐々に、入れかわっている人と、Y子ちゃんの肉体の取扱いに慣れて来たようです。この提案には、同意の表情が見えました。

「何が食べたい？」

「そうね、この人は栗が好きなんです」

十一月で栗などありません。それでも、家内が缶詰の栗を材料に何か作りまして、Y子さんにすすめますと、喜んでたくさん食べてくれました。一緒に来ていた家族はもちろんのこと、私もホッとしました。

「どんどんたべて下さいよ。Y子ちゃんの体が楽になるから」

「ええ、喜んでいますよ」

自分が喜んでいるのです。栗が好きなのはY子さんではなく、憑依している娘の好物だったに違いありません。

夜も更けました。夕方から既に六時間は経過していました。

「悪いけど、あなた、どうしたら出て行くつもりですか」

「私はちゃんと出られます。ですけど、今夜は私がついていなければいけません。大丈夫です。私がこの人を守りますから心配はいりません」

「そう。それじゃ今日は守ってあげて下さいね」

確かに来た時とはうってかわってしっかりしています。完全に解決したわけではないけれども、食事はできたし、自分一人でとにかく歩けるようになったからと帰ることになりました。

「どうもありがとうございました」

挨拶の表情もすっきりしていましたが、Y子さん自身の表情ではないのだと思うと、私の方はどうもすっきりしないままの別れでした。

それからしばらく経ってから、父親から電話がありました。その後どうなったかと心配していたので、早速、様子を訊ねますと、

「あんたのところで供養なんかされたので、少しも治らなかった」

「というと、供養したことが悪かったといいたいのですか」

「そう。京都の偉いおはらいの先生がそう言ったよ」

「……」

京都のおはらいの先生というのは「悪霊はみな祈禱で追い払えばよい」と、さかんに書いたり言ったりしている人のことでした。

追い払うというのはあくまでも一時的なことで根本的な解決には絶対になりません。

第一、故あってこの世に想いを送って来る死者に向かって、その理由も聞かずにいきなり「立ち去れ」と激しく払ってしまう行為に、人間としての「心」があるでしょうか。

今ならば、私もはっきりと反論をし、また本当の解決をこの父親にもしっかり見てもらって、何故こうなったかの根本の原因である家族の生活姿勢にきびしい反省をしていただくところなのですが、残念ながら私自身がまだどう対処することが正しいのか手探りで模索中の頃でした。

Yさんの家族も、私にそんな電話をしてしまったからでしょう、当然のように私とのご縁は絶えてしまいました。

私の供養によってみごと治ったという報告文なら、ここまでお読みになった読者の方々もお気持の上ではなんとなく納まりがよいでしょうが、この事例は、このように解決をみていません。

しかし、このY子さんに関する体験から、自分でも不思議に思うほどに私の精神病への傾斜が始まったのです。そして、何故かこうした憑依現象と私が直接に対面する場面が次々にこれでもかこれでもかと頻発しました。

死者は死後も意識体のみの姿で生存し続け、この世の縁者にその作用を及ぼすという真理を、精神の障害という最もわかりやすい形で見せて下さっているのではないかと気付くと、私は思わず身がひきしまりました。

御佛《かみ》が、精神病は病気ではないということを実例をもってお示しになり、同時に、この私の

究極の務めはここにあると、はっきり私に教えて下さったものと思えてなりません。

2. 岡山の少女の場合

●皆殺しに遭うと脅す老人

きわめて特徴的な現象として、平成元年の六月に体験した事例をお話しいたします。この事例は百数十人の方々もご一緒に臨場体験されたという意味で大変貴重なものですし、幸いにその場で録音されたテープも全部保存されています。

六月十六日の夕方四時半頃に、突然、岡山から電話がありました。ある少女の母親からです。

「実はこれから先生のお宅へうかがいたいのですがよろしいでしょうか。実は娘がお爺さんになってしまって、東京へ行けというものですから……」

葉子ちゃんという名で十六歳だそうです。

「二日前から娘に源平さんというお爺さんが憑《つ》いてしまって、その源平さんがお前たちは岡山にいると殺されてしまうと言うんです」

殺すとか死ぬとかは、いずれ後に詳述することになりますが、憑依した死者が時々好んで使う言葉です。人がびっくりすることを言うのがどうも好きなようです。しかし、そんなことを口走られてはおそれおののくのも当然です。それでとるものもとりあえず葉子ちゃんに付き添って両親の山本弘文氏（仮名）夫妻、それに従姉で隣家に住む種田みずえ（仮名）という娘さんの四人が、岡山を出立しようということになったようです。

「で、岡山を出てどこへ行けと、その源平さんは言うのですか」

「東京へ行けと……」

「東京のどこへですか」

かつてテレビや本で紹介された私のことを葉子ちゃんが覚えていたとかで、源平さんに「萩原玄明さんのところへ行けばいいのですか」と聞いてみると「そうだ、そこへ行け」と言ったのだそうです。

それで、山本家ではその萩原という人はどこにいる人なんだと、必死になって新聞社やテレビ局に電話をして、やっと私の家の電話番号をたずね当てたということでした。

時刻はもう夕方です。それに翌日は、私の寺の定例の月例供養祭で、会員さんが大勢おいでになる日ですので、こういう人たちの飛び入りがあると、いろいろ行事の進行に支障ができて困ります。

しかし、御佛《かみ》が私に大事な教えを下さるためにわざわざ明日という日を選んで、突然にこんな人たちを寄こすのかもしれないという思いもします。

「今から発って何時頃着くことになるんでしょうか」

「七時何分かに乗れば、十一時過ぎに八王子に着くらしいのですが……」

「わかりました。それでは、八王子の駅前のCホテルというのをとっておきますから、今夜はそこへ泊まって、明日の朝おいで下さい」

電話を切った私は、翌日に霊視をお約束してあった人に、断わりの電話をいれました。

私は一日に一つの家の霊視しかしませんので、こんな場合、緊急の人の霊視を優先せざるを得ないのです。というのは、死者の世界でどういう話し合いがなされるのか見当もつきませんが、何故か緊急性のある家のものが霊視されてしまうからです。この夜も、やはりそうでした。明朝訪ねて来ることにした山本家に関わる人で、酒の中に毒を盛られて殺されてしまったらしい人が霊視の中に登場して来ました。

それはさておき、翌朝、山本家の四人が訪ねて来ました。

可愛らしい娘さんと目が合ったので、私はすぐに声をかけました。

「葉子ちゃん、お早よう」

「お早ようございます」

と、何ごともないとても明るい子です。今は、葉子ちゃん自身であって、源平さんというお爺さんではないようです。月例供養祭なので、世話人さんたちもボツボツおいでになり、寺の中が少しずつ混み合って来ました。そこで、四人には小さな別室に移っていただき、そこで昨日までのことなどを詳しく聞き始めました。すると葉子ちゃんの体がブルブルッと震えました。

「寒いのかな」

「……とても寒い」

様子で何かがもう入って来ているのが感じとれます。私は若い者を呼んで毛布を持って来てもらいました。

精神病患者、すなわち憑依されてしまった人間は、何故かストーブが駄目で、特に温風を出すストーブを嫌います。扇風機やテレビにも拒否反応を見せます。この時も急にストーブを避けるような様子を示したので、すぐにストーブを消し、毛布で体を包むように母親に指示しました。

間もなく体がほてって来たようです。

「大丈夫かな」

「はい」

返事をしながらも目がうつろになって来ています。

「どなたです、そこにいらっしゃるお方は。源平さんでしょうか」

「（うなって）わしは源平じゃ」

すっかり彼女らしさが消えて老人の顔になっています。

「源平さん。どうして私のところへおいでになったのですか」

「救ってもらえると思うてな」

「そなたは、よくわしらのことがわかるでのう」

全部、岡山か広島の方の訛《なま》りです。

「ありがとうございます」

「この家では親がくだらん宗教をしておってな」

聞いてみると新しい宗教の一つでした。

「実は今朝の私の霊視の中に山本さんの家の系統らしい人で、毒の入ったお酒をのまされて死んでしまったという人が、一生けんめい姿を見せて来られましたが……」

「そう。そなたの言う通りじゃ。じゃが、まだそんなものどころではない。たくさんおってなあ。岡山におっては殺されてしまうのじゃ」

「私でお役に立つのでしょうか」

「うん、大丈夫じゃ。そなたの後には大変な方がおられるでな」

よく、自分の守護霊・背後霊は○○だと、びっくりするほど偉い著名人の名を言う人がありますが、私には一度もお名乗り下さいませんし、もちろんお姿も見せていただけておりません。ですから私の後におられるお方がどなたなのか、何が何でも知ろうなどと無理な試みは一切しておりません。

ところで、源平さんというのは話しぶりから想像してどこかひょうひょうとした味わいのあるお爺さんのようです。

「源平さん。実は私、これから寺の行事に入りますので、しばらくの間お休みいただけませんか。葉子ちゃんの体に入っていて大丈夫ですか」

「大丈夫じゃ。わしは大丈夫じゃ」

「そうですか。それではおそれいりますが、本堂のご本尊の前に紫色の座布団を置きますから、そちらの方にお座りいただけませんでしょうか。それで葉子ちゃんに体を一旦返してあげて下さい」

「うん、わかった。いいか、ではおさえていろよ。わし、抜けるぞ」

お父さんとお母さんが必死に娘を抱きかかえます。

「お母さん、こわい！」

葉子ちゃんも母親にしがみつきました。

●観音様をきどる低級霊

それから供養祭が始まるまでの間、源平さんは確かに抜けたらしく葉子ちゃんは本来の少女自身でいましたが、行事が終わってひょいと彼女を見ますと、いつの間にか大勢の人たちの中にキチンと座っていて、しかも、どこか様子が変です。

「今、あなたは葉子ちゃんですか」

返事がありません。どうやらもう別の人間になってしまっているようです。そして、やがておごそかな口調でこう言いました。

「私は、子を持つ母である」

「よろしかったら、こちらへ……」

当然のような顔で祭壇の前まで来ると、人々の方に向いて座りました。

「子を持つ母であるとはどういうことなんですか？」

「私は観世音菩薩です」

あまりに荘重な言い方なので、聞いていたたくさんの人たちもびっくりしました。涙を流して手を合わせる人もあったくらいに感動的な雰囲気に包まれ、完全にその場に観音様が出現したような騒ぎとなりました。私も初めての体験ですから半信半疑のまま呆気にとられていました。そのうちに彼女が人々に向かって急にこう言い出しました。

「私に何かたずねてみたいことはあるか。何なりと聞くがよい」

毅然とした姿はとても十六歳の少女とは思えません。演技としても名女優顔まけのみごとな態度でした。そのためか、参集者の中で何人かの人が手を挙げました。

一人の質問者が家族や先祖のことを一生けんめい話しますと、

「それはそれでよろしい。よいのだ」

などと、あまり適切ではない返事をして威張っています。また、ほかの女の人の質問に対してはこう答えます。

「あなたのお母さんは今喉が乾いている。向こうは塩水ばかりで真水がのめないから大変につらい。だから朝は七時、昼は十二時、夜は六時に冷たい水を上げるとよい。向こうへ行った人はみんな塩水をのんでいるのじゃ」

私は変なことを言うなと思いました。更に次の人に対しても、

「向こうへ行けば、酒をのめない人でもたくさんのまされてしまって、とてもつらい」

と、だんだん妙な話になります。私もこの頃からやっといくらか気がつきはじめました。葉子という娘さんが御佛《かみ》を気どっているのではなく、葉子という娘さんの体の中に、誰かの意識が、それも相当低級なものが入りこんでいるための状況なのです。

「もうお帰りになったらどうですか」

などとなだめすかすようにしたところ、何も騒がずにやがて自然に憑依した何ものかは去って行きました。去ってしまえばまた再び普通の少女です。つい数分前までの姿との大きな落差は無気味でさえありました。

さてその日はそのまま岡山へ帰すわけにもまいりませんので、この家族をまた別のホテルに泊めました。すると午後九時頃からジャンジャン電話がかかって来ます。

「先生、今ホテルの私の部屋へカミさまがいっぱい来ています」

「カミさまならいいじゃないの」

「でも変なのがいっぱい窓のところへ来ていて邪魔をするのです」

この訴えは、いわゆる精神病患者といわれる人々の或る特徴的な症状とほとんどそっくりです。

「大丈夫。本当にそこにカミさまがいるのなら、変なのは絶対に入って来られないはずだから

……」

とまあ、それやこれやで、翌朝になると早くからまた四人が来ました。

「葉子ちゃん。昨日、あなたに観音様が来たでしょう。だけどあれは偉そうにしてみたい一番低級な人間の霊でね、みんなにびっくりしてもらうのが大好きなんですよ。でもそれはとっても悪いことでね……」

と私が言っているうちに急にまた誰かが入ってしまったようです。

「源平さんですか。どなたですか」

返事はありませんがどうも昨日の観世音菩薩になった女の人らしいので、名前を名乗って下さいと何度も繰り返しましたが、ふざけたように俳優さんの名などをいろいろ出すばかりです。

「あなた、本当の名前を言って下さい。嘘ばかり言わずに正直に言ってくれたら、あなたの水子さんも私がちゃんとご供養しますから……」

自分は子を持つ母であるという昨日の言葉を思い出して、水子の供養に触れてみたところ、少しためらうような間があってから、

「そなたは鋭いのう。私は確かに観音様ではないただの死んだ人間だ。全部私が真似をしただけのことだ」

「あんなことして満足ですか。あなたはとっくの昔に肉体の世界を離れているのだから、ちゃんと魂だけの所へ帰らなければいけないじゃありませんか」

「すまない」

昨日の気負った感じの人とは大分違います。私が供養によって必ず成佛できるようにするからと言いますと、最終的には名前こそ名乗りませんでしたが、山本家に関わる人であることを

認めてくれました。

●少女の祖父に殺されて恨む死者

これはこれでいいのですが、まだ昨日の朝の霊視の中に出て来た毒殺されたという人物が出て来ていません。霊視のチャンスを待ち兼ねていたように、まっ先に、しかも強烈に自分の死の状況を見せて来たのですから、想いは相当強いはずです。

と、私が心に思った瞬間です。私の心の中の波動が相手に連動したかのように、葉子ちゃんが「ウウッ」と低音でうなり始めました。

「あなたはどなたですか」

「わしはな、わしは……」

と、とても言いにくそうです。先ほどの女の死者も同様でしたが、死者にいくら執拗に頼んでも、何故か今までに一度だって正しい氏名をお答えいただけたことはありません。

はじめはあの世にそうした掟でもあるのだろうかと考えましたが、どうやらそんなことではなく、死者として迷っている自分が恥かしくてならないからのようです。

浮かばれずに苦しんでいる今の姿は、すべて生前の自分に原因があることをよく知ってしまったために、恥かしくて生前の名を名乗れないようなのです。

また、名乗ることで、自分と自分以外を識別してもらった方が便利だというような理屈が通用する客観的な世界にはもう住んでいないため、名乗るという発想が死者には全く無いのかもしれません。

とにかく主観的な「俺が」「私が」といった無名の振舞いが多いために、死者が誰かと特定したがる私たち人間はキリキリ舞いさせられてしまうようです。

「あなたは、私の霊視の中に出て来た殺されてしまった人ですか」

「そうだ。わしは船大工での、わしの仲間の大工二人が酒の中にカブトを入れてわしにのませたんじゃ」

「カブト?」

「そうだ、それでわしは……」

と、今その毒酒をのまされたかのように苦悶して胸を掻きむしります。その行為の手も胸も言うまでもなく葉子ちゃん自身の体です。

カブトというのが、いわゆるトリカブトの毒を言っているということに、知識のない私はあとで人から聞いてわかるのですが、とにかくこの時は、葉子ちゃんの首筋の辺りが掻きむしられて真赤になるのにあわてるばかりでした。

「やめなさい。その手をどけなさい」

「うるさい！　何だ、お前は」

「大人しくしなさい」

なだめるように私が葉子ちゃんの肩に手を置くと、今度は急に首をすくめて静かになりました。

「わかった、わかった……わしは殺された。だからわしは恨んで、殺した奴の孫についたのだ」

「というと、この娘《こ》のお祖父ちゃんが……」

「そう、わしを殺したんだ」

あとでわかった事情を今ここで説明した方がご理解が早いと思いますのでつけ加えますと、今となっては名前すら調査不能のこの殺された被害者の遺骨が、山本家の墓に何故か一緒に入っていたのです。つまり加害者とされている祖父と同じ墓の中にです。ひょっとしたら他人ではなく意外に血の濃い縁つづきの人だったのかもしれません。

「わしは墓にずっとおったのに子供や孫たちは、一人もわしのことを考えてくれん。そこへ、この娘が十六日に墓参りに来おった。この娘は十六日に生まれてな。わしは十六日に殺された。わしは縁があるのでそれでこの娘に憑いた」

葉子ちゃんに何の罪もないのに、

「わしはこの恨みは忘れんぞ」

と、またそこで声が荒くなります。

「あなた、そうやっていつまでも恨んでいたら、いつまでも霊界へ行けずに永遠に恨み続けていなくてはならないんですよ。自分が成佛することを自分でちゃんと考えなさい。殺した人だって、あなたを殺さなければならない悪い因縁を持っていたんだし、いまだに後悔して苦しんでいます。気の毒だと思ってあげなければ駄目です」

「うるさい、そんなことあるか」

あまり暴れ方がひどいので、葉子ちゃんの後へ回って肩にそっと手を当てました。

「やめてくれ、やめてくれ」

私は片手でそっと抑えているだけですのに何か大変重い物が乗ったような恰好をします。私は御佛《かみ》が手を貸して下さっているのを感じました。

そこで供養のため、早速本堂へ移ることにしました。

母親が、娘の葉子ちゃんを抱きかかえるようにして私の後に座ります。十六歳のわが子の異常な状態になすすべもなく、とにかくしっかり抱きしめているしか方法がないのでしょう。

さて供養開始と思った途端、またあの男が声を出しました。意外に静かな口調です。

「ちょっと待ってくれ」

「なんですか」

「向こうに酒はあるのか」

「ある。何でもある。じゃ始めるよ」

「ちょっと待ってくれ。わしはいつ帰ればいいんだ」

「私がお経の途中でチリンチリンと鈴で優しい音をさせるから、それが聞こえたらその鈴の音に乗って行きなさい」

「わかった」

これが最後で、この男は読経の途中で確かにこの地上から去って行きました。

こんなようなことで、どうにか無事にこの場がおさまりますと、今度は執拗《しつよう》に源平さんが出たり入ったりします。

ですから源平さんに言って聞かせるように、山本家の皆さんをもう岡山へ帰らせてもいいでしょうと、もうまるで説得です。父親には会社の勤務もあるのだから、このままでは馘《くび》になって一家が飢え死にしてしまうと、理由を並べてかまわずにこの時点で四人を岡山へ帰しました。

以後、霊視をとってはお一人ずつ供養を重ねて行って、結果としてこの事例は完全に解決を見ることができました。葉子ちゃんがこの稿に書かれたような姿になることはもう二度とありません。が、解決までの道は遠くて、しかもなかなかに苦しいものではありました。

葉子ちゃんの体を出入りした死者たちは、みんな縁ある先祖たちなのに、子孫の肉体をこのように借りて使い、怒ったり罵《ののし》ったり暴れたり嘘をついたり人を欺いたりしました。

この世への執着が強いために自我の醜いまでの塊りとなって、死んでしまっているという事実の自覚ができず、帰るべき所へ帰る術《すべ》もなく、ただ暗い苦しい思いのまま子孫の肉体へ憑依して来るとは、まことに情け無い限りです。こんな死者にはなりたくないものです。こんな死者にどうしてなってしまったのでしょう。

生きてこの世にあった間の暮らしぶりや心のあり方にその大切な鍵があるのです。御佛《かみ》はそれを私たちに学ばせるために、手本としてさまざまな現象をお見せ下さいます。たくさんの人々の目の前で、憑依というものの実態をまざまざとお示し下さったのも、こうした教えのためであったのかと今、つくづく思っています。

3. 東京・文京区の少女の場合

●死者が特定できても、すぐに成佛するとは限らない

さて、これも少女の事例ですが、私にとっては実に容易ではない体験の一つでした。

憑依している死者が誰であるか特定もできて、幾度となく肉体の死滅を説明したにもかかわらず、いつまでも離れてくれないので困ったという特殊な事例です。

前の事例の葉子ちゃんは、憑依のパターンのいくつかを御佛《かみ》によってお示しいただけたもの

だったと思いますが、この文京区のやはり十六歳のひろみちゃんの場合は、なかなか納得してくれない死者もあるということを体験させていただいた貴重なものでした。

それともう一つ、憑依の形が、客観的に見るならば精神病といわれるものの症状ズバリであったのも、きわめて特徴的でした。

目下、家族の中に精神病者を抱えて苦しんでいらっしゃる方々にとっては、この病気が一体何なのか、その実態に迫るための一つの糸口として充分参考になる事例であると思います。

●死者は生きているときのままに病状を訴えてくる

或る年の七月十二日。東京の文京区にある祖母の墓を、ひろみちゃんは、母・姉・弟と共に四人でお参りに行きました。

その夜、急にひろみちゃんの様子がおかしくなってしまったのです。

家中の電気を無言で片端から消して歩きます。誰かが困って点灯すると、すぐにひろみちゃんが来て消します。

それからお線香を夢中で探して歩き、佛壇にお線香が無いという状態を見ると、余計にイライラします。今まで一度も見せたことのない行動であり、言うこともとても普通ではないので、母親が心配してひろみちゃんの体を触ってみましたところ、非常に熱く、しかも手足だけはびっくりするほど冷たいのです。以前に看護婦をしていたこともある母親は、早速ひろみちゃんを引っ張って近くの有名病院へ飛んで行きました。

注射をしてもらって帰って来ましたが、どうも様子が別人のように見えて心配です。

十八歳になる姉娘がこういいました。

「お母さん、これ絶対ヘンよ。ひろみじゃないわ。誰かほかの人がひろみの中に入っちゃっているわ」

身近な人だけが感知できる特徴的症状が、この別人感覚です。手足だけが氷のように冷たくなるというのもよく聞きます。

そうこうしているうちに、ひろみちゃんがお母さんのことを「すみ子、すみ子」と、呼び捨てにするようになりました。もちろん、物心つく頃から今まで「お母さん」と呼んでいたのに、一体どうしたことでしょう。

「ひろみ。あんた誰なの、誰」

「すみ子。私だよ」

「え？……お母さん」

「そうだよ」

十三年前に亡くなったすみ子さんの母親、つまり、ひろみちゃんのお祖母さんです。

あまりの懐かしさに、お母さんは十六歳の自分の娘と思わず抱き合ってしまいました。が、我にかえって娘を突き放し、

「冗談じゃないわよ、お母さん……ひろみ」

さっぱり何が何だかわからなくなってしまいました。

青くなったお父さんが、あちこち新聞社やテレビ局などに電話したりして、結局、次の日に私の所へ皆さんでみえました。

私が「ひろみちゃん」と声をかけても黙ったままです。

「あなた、ひろみちゃんですか」

「……」

「誰ですか」

「キミですよ」

「キミさん？」

脇から、ひろみさんの母親・すみ子さんが小声で、

「私の母なんです」

「いつ亡くなったんですか」

「昭和五十一年二月十四日です」

「そうですか。お祖母ちゃん、どうしちゃったの、もう十三年も前のことじゃないの」

ひろみちゃんは正座したまま首を垂れていて、何か口を動かしたようにも見えました。

「お祖母ちゃん。声が小さいけど、どうしたの？」

「……私は……」

「うん」

「……心臓が悪くて……」

「お祖母ちゃん、それは、あなたが人間としてこの世にあった時のことでしょう？　今はもう魂だけになっているんですよ」

肉体を借りている以上、それなら自分の名前だって書けるはずだと鉛筆を持たせようとしたのですが、すぐにポトンと落としてしまいます。

「しっかり持って下さい」

「駄目ですよ。私はリュウマチなんですから」

「お祖母ちゃん。リュウマチだろうが何だろうが、もう十三年も前のことでしょう。あなたはいつまでもこの世に執着しているからそれでいつまでも病気でいる気がしてるんですよ。自分は病気だったんだ、心臓が悪かったんだ、リュウマチで苦しんでいたんだと、そうした気持から離れようとしないために、いまだに病気でいなきゃならない。そのことがどうしてわからないのかな」

「私は死ぬのがこわい」

「死ぬのがこわいって、もう死んだんじゃないの」

とにかく非常な執着です。このキミお祖母さんは、正月に、すみ子さんの弟、つまり息子の運転する車で外出した際に、氷に滑って腰を打ってしまい、それが寝込む始まりとなって、結局、近くの病院に入院したのですが、とうとう入院のまま翌月亡くなりました。

病院では始終「帰りたい。病院なんかには居たくない。早くすみ子の家に帰りたい」と言い続けていたといいますから、死んでからのちもよほどの未練があったものと思われます。

それでとうとう十三年もの間、生きているつもりで「すみ子、ひろみ」などと、娘や孫に訴え続けて来てしまったのです。

●墓地にとらわれすぎると成佛できない

このお祖母さんは、自分が生きている時に、自分は身体があるから人間であり、身体が終わってしまったら、それでもう何も彼もが無くなってしまうのだと思いこんでいたに違いありません。それが、死後も自分に意識があるために、まだ自分は生きている時のままなのだと錯覚してしまったのです。

死後何十年も経過したのに、成佛することなく迷っている死者は、ほとんどすべて、こうした勘違い・心得違いが原因です。

それともう一つ、岡山の葉子ちゃんの場合と全く共通しているのが、墓参りに行った時に孫の身体に憑依したという事実です。どうして墓参りに行った時にこんなことが起きてしまうのでしょう。墓参というのは、亡くなった人を偲ぶ心優しい行為のはずですのに、墓参でこんなことがしばしば起こってしまっては困ります。

この現象は、死者が自分の死を正しく認識できていないのと同様に、墓所に対する死者の生前の思いこみの誤りから来ています。死んだら暗い墓の中に入ると思っているので、死後、想いが墓へ来て留《とど》まります。このことを是非正しくご理解いただきたいのですが、魂の居るべき場所は、自由な宇宙空間みたいな所であって、墓所の地下の暗い所にじっと閉じこめられているわけではありません。そこは単に亡骸《なきがら》の、物質としての骨の収納場所でしかないのです。

墓参は、収納されている遺骨の前で亡き人を偲ぶための行為であって、地下の暗い所にうずくまる死者の魂との面会ではありません。ところが、墓所を亡き人が住んでいる場所と思いこんでいる人は意外に多いのです。そして、自分も死ぬとあの暗い所に入ってしまうのだと思い続けています。

そうなると、死んだのち自分の魂に自由な働きがあることにも気付かず、ただ墓所にこだわってそこに執着してしまいます。どうぞ、そんな墓所へのとらわれを持たぬよう、生きている今のうちから意識の中にこの道理をしっかりたたみこんでおいて下さい。

●死者は生前の反省に苦しんでいる

さて、このお祖母さん、七月十二日に娘たちが墓参りに行った際に、可愛い孫のひろみちゃんに憑いてしまったのですから、今、申しましたように、やはり墓地にとらわれて墓地の辺りに意識がうろついていたのだろうと思われます。供養の際に「あなたは既に亡くなっています」といくら告げても、「そんなはずはない」と、このお祖母さんはやたらに頑張るのですが、こうした頑固さも生前の生活ぶりと深い関わりがあるのです。

この人は結婚して六人子供を産んだのですが、すみ子さんとその下の弟さんのほかは、すべてが水子さんでした。こんなにたくさんの出産をしたというのに、ご亭主とどうして不仲になったものか、結局は離婚してしまったのでした。

私は、このお祖母さんは何か想いが残っていればこそ孫に憑依したのですから、その想いは一体何なのだろうと考えました。そこで、ひろみちゃんの母親、つまりお祖母さんの娘であるすみ子さんに訊ねました。

「あなたたち姉弟のお父さんはどうしたんですか」

「私たちには父がいないんです」

「父がいないって、そういう言い方はいけません。父親がいない子なんてあるものですか」

「すみません。実は……」

といっても、聞き出せたことは前記の離婚ぐらいのことで、あとは何もわかりません。

夫と別れ、子供を抱えて世の荒波に揉《も》まれた妻は、大抵の場合、子供に夫の悪口を言って育てます。それを生きて行く支えにもします。とにかく頑張って肩肘張って生きてしまうのです。子供たちもまた先程のように、父親は自分にはいないのだと思い込むことにして成長します。

自然ではありません。

こうした不自然さを抱きかかえたままの家庭には、どうしても誰かの死によって何事かの問題が発生し易いと言うことができます。何故なら、死んだ人間は直ちに生前の反省に苦しむことになるからです。その苦しみから逃れたくて子や孫に頼り、どうか自分に代わって自分ができなかったことを果たしてほしいと訴えかけて来たり、そのほかさまざまな想いの波動を送って来ることになります。すると、それがこの世においては霊障《れいしょう》という苦難の形に現象化するのです。

このお祖母さんの場合も、霊視をしてみると、北海道の或る地域の風景や人物が、お祖母さんの実家を示すように出て来ましたが、本人は既に亡くなっているし、娘のすみ子さんたちではすぐに見当がつきません。

が、それでもすみ子さんの記憶と霊視の双方に共通する人物がかすかに浮び上がって来ました。或る鍼灸師《しんきゅうし》の人で、どうもお祖母さんと特別な感情での交際がかつてあったように思えるのです。お祖母さんは子供たちにも固く秘密にして、すべてを自分の心の奥にしまいこんだまま亡くなってしまったので、想いが地上に残って子や孫を困らせる結果となっています。それなのに、お祖母さん自身はそのことに全然気付いていません。

「お祖母ちゃん。一切の執着から離れて自分で帰る気にならなければ、いつまでも帰れずに苦しみも消えないよ。第一、お孫さんが可哀想じゃないの。ひろみちゃんをこんな風にするのだって、あなたの本意じゃないでしょう」

私はいつものように供養を続けました。簡単に帰ってもらえると思ったのが大誤算で、「そんなものじゃないぞ」という私の後においでの御佛《かみ》の教えなのか、しばらくの間悪戦苦闘することになりました。

が、そのことで、死者が成佛するための心の要件というものを学ばせていただき、憑依の解消すなわち精神病の完治には、何が必須であるかがよくわかりました。

●憑依のパターンを実証的に見るだけでは不十分

この章では、専《もっぱ》ら「憑依とはどんなものであるか」について、実例を材料にして説明してまいりました。一つ一つの事例に共通する不思議な特徴がいくつか見えても来ました。が、更にもう一歩も二歩も踏みこまなくてはなりません。

何度も申し上げますように、理屈で簡単に理解して、それで解決してくれる問題ではなく、あくまでも心の世界のことですので、今まで経験したこともない角度できびしく自分を見つめ直したりもしなくてはなりません。憑依のパターンをいくつか見ただけで、そこから実証的に科学的法則を導き出そうとしたのでは、絶対に憑依の本質は見えて来ません。憑依して来た死者との交流は、あくまでも心の世界でのみ可能です。

そして死者と共通の、その心の世界に入る唯一の鍵は、自分をいつも真ん中において考えている毎日の生活を反省するところにありますが、何故それが鍵なのか——

どうぞ時間をかけ、腰を据えてゆっくりご理解下さいますように。

第三章

死者からの訴え

1. 死者の意識作用を分析する

●精神病はどんな時に発病するのか

精神病の正体は、死者の意識の憑依であることが、いくつかの実例によってご理解いただけて来たと存じます。それにしても私がたくさんの事例と取り組みながら、いつも思いましたことは、何故、罪もない子や孫が憑依の標的にされてしまうのだろうということでした。

それをまず解明したくて、夢中でお気の毒な病者の症状と環境を見つめていますうちに、どうやらそのメカニズムの表面に近づくことができたような気がしています。

一番の根幹である憑依の原因については、のちほど詳述するとして、ここでは、「いつ、どんな時に」という、いわゆる発病の時期、乃至《ないし》は近因について若干の考察を加えてみたいと思います。

数多くの事例から、一体どういう家庭の状況の時に憑依され易いのか、その条件みたいなものを調べてみましたところ、家庭が経済的・物質的に困っている時よりもむしろ順調で豊かな時の方が多いことがわかりました。

今、日本では、長い間続けて来た経済優先の生活の歪《ひず》みにようやく気が付き、心の豊かさこそが真の幸福であると猛反省を始めています。本当にその通りで、個々の家庭生活でも経済に重点を置き過ぎて、そのために家族間の愛が犠牲になり、家の中の空気が冷え切ったままの長い年月であったような気がします。

家を新築した、増改築で立派になった、よりよい家に移転した、立派な墓を造った等々物質的側面から見れば大きな喜びである時に、何故か決まって精神障害が多発しています。

自然な流れの中でのこうした喜びごとなら、問題はないのですが、経済面にこだわって何が何でもと無理な形で押し進める姿勢の中にどうも原因があるようです。たとえば、今まで同居していた親を別の所へ出すとか、借金対策上の理由で夫婦別れをするとか、子供を強引に転校させるとか、そのほか不自然で無理な形はいろいろありますが、そのような損得計算だけを考えた暮らしをしているうちに、家族の間に徐々に他人を思いやる優しい心が欠けて来てしまいます。

こうなると悪循環が次第に増大して、先祖や縁ある死者たちに対しても、そんな余計なことまで手も金も回るものかと、遂に追慕の大切な心まで平然と捨て去ってしまいます。こんな時がまず第一の危険期なのです。

●不用意に霊行為を行なっていないか

次に、今まであまりしたこともない信仰、たとえば或る特定の人物や物を一心に拝んだりするような信仰を、急に夢中になって始めた途端に——というのも極めて多いのです。

私などから見ますと当然過ぎることなのに、それが超常現象に見えてしまって、不用意に妖しげな心霊行為の真似をして、そのため瞬時に憑依を招いてしまった例もあります。

拝んだり念じたりする行為は、本来、自己中心的な欲望の充足を願ってするものでは全くありません。ですから間違った姿勢の心霊行為で、その間違った波動が連鎖的に増幅されて行くと、遂には暗黒の苦しみの死者の意識とぴったり同調してしまうのです。

同様の意味で、正しい指導者もなく、面白半分に行なう座禅や瞑想のようなことも、自分では正しいことをしている気になりやすいので余計に危険です。

死者の意識・魂は、この世の人間の肉体に随時意のままに入ったり出たりできますので、心を無にすればと、不用意に意識の空間を作るような行為も避けなければなりません。

●突然の人格変貌が示すもの

三番目に挙げたいのは、さきほどの新築・移転などと或る意味では共通の因子を持っている就職・転職・受験・入学、そして結婚など、人生の大事の際に多いということです。

どれも新しい環境の中での精神疲労と緊張の大きいものばかりです。こんな下地があるところへ、たとえば上司や親からきびしく叱られたとか、疑われて口惜しかったとか、罵倒されたままやり返すことができなかったとか、無念や怒りの思いで心が激しく動揺するような事件が起きると、それが即座に憑依・発病のキッカケとなります。

いずれの場合も家族の方ならばいろいろ思い当たることがあるでしょう。この重大なキッカケ、つまり発病・憑依の時点の直前に、死者の苦しい想いと波長がピタリと合うような状況が準備されてしまっていたはずです。

死者の意識が肉体の中へ入りこむと、肉体の主の意識体・魂は隅へ押しやられてしまいますので、その人自身の本来の魂はそれまでの自由な作動が急に不可能になります。

「こんな子ではなかったのに、どうしたというのでしょう。まるで人が変わったみたいなのです」

顔容《かおかたち》はそのままなのに、言動は別人という、まことに悲しい姿となってしまいます。しかも、肉体を占領する死者は決して一人ではなく、複数ですので、本人の魂が本人らしい働きをする余地はごく僅かとなり、言動に本人らしさを見せることも減って来ます。

この姿に驚きあわてて、家族は無理矢理強い薬を飲ませてしまうのですが、肉体にどんな療法を加えても、それは無駄であり、間違いであることを充分にご理解いただきたいと思います。

●後悔の気持ちを残して亡くなった近親者はいないか

四番目に挙げられる発病時期の不思議なタイミングは、たとえば祖父母・父母・伯父伯母などの近親者が亡くなって間もなく——ということです。この不思議な符合は、実は非常に多いのですが、これにはそれなりの理由が厳然と存在します。

人間は肉体の生存を終えると魂だけの生活を開始しますが、魂となって最初の想いの作動は、肉体があった頃をふり返ってのそれはきびしい自己反省のようです。

「自分はなんという自己中心な暮らし方をして来てしまったのだろう。どうして人間として為すべき大切なこともせずに、平気で過ごして来てしまったのだろう」

この悔悟《かいご》の想いは並大抵のものではないようで、私に見せて来る時の様子はそのことだけを訴える克明な表現が実に多いのです。

先妻をないがしろに扱っていたとか、親兄弟や子供の死後、彼らを一時も思い出さずに暮らしてしまったとか、生前の自分の価値観の間違いに今気付いて狼狽《ろうばい》しているのです。

あんなに偉くて立派だった人が——とびっくりするほどのみじめさです。

勉強がよくできた。教養が高かった、地位も名誉もあった、お金持ちだった——全く関係ないのです。この世では悪人といわれていた人々と全く同列に、一人の人間として同じように、または人一倍苦しんでいます。

そして今からでも、生前に仕残して来たことを遅まきながら果たして、この苦しみから脱出しようとあせるのですが、なんとも無念なことに行動に必要な肉体というものがもう消滅してしまっています。

袋小路でもがくようなこの姿は、成佛できずに迷っている死者の共通のものです。この思うがままに運ばないことの焦りや嘆きで波立った魂が、悲しみとかおそれと共に荒々しく渦巻きながら、生者の肉体に近接して機会を待っているのです。

こうした暗い想いとは正反対の、明るい健康的な愛に満ち満ちた毎日を、御佛《かみ》と一体の正しい大自然の法則にのっとって生きていれば、苦しんでいる死者を助けるように供養も自然にできるし、暗い波動の歯車とかみ合ってしまうこともなく、御佛《かみ》の指導や守護を受けながら、平穏に経過して行くことは確かなことなのです。

ところで、こうした死後のきびしい反省というものは、死ぬや否やすぐに始まりますので、それで「亡くなってすぐにこんなことが始まった」ということになります。こんな場合は、亡くなったばかりのその死者が後悔している事柄を、家族で推量して代わって果たしてあげることです。死者の喜びはどんなに大きいことでしょう。

●発病の時期が語るもの

さて五番目です。それは、過去に亡くなった人の命日、特に何回忌というような年回忌の当日またはその前後に、発病のタイミングが不思議に合致することが多いという事実です。

これも理屈でこういうわけであると説明がつけにくい霊界の何かの作用によるもので、命日というものが死者にとっては、どうも大変に重要な日らしいということだけは確かなようです。命日はこの世での終焉《しゅうえん》の日ですが、同時にあの世への新しい誕生日でもあります。節目の日です。死者が、幾億の魂が生きる霊界の中で、自分という魂を特定するためには、生前使っていた氏名と一緒にこの命日が非常に大切なのでしょう。それだから死者が自己表現する際に、

「ホラ、いついつに死んだ私だよ」

と、氏名を名乗れない分だけ命日にこだわってみせるのだと思います。

死後すぐにということと、この命日に合わせてという二つの事実は、確かに死者側にしては自分を特定してもらうのに都合のいい手掛かりの提供ということができます。逆算などの方法で気付いてもらいたいと、もどかしい思いで待っているのかもしれません。

何故どうしてと一応の理屈付けは試みてみましたが、ただ実証的にパターンを導き出してみただけで絶対的な結論は望むべくもありません。が、どうしてかわからないけれども不思議なことにこんなことが多い、それは、ひょっとすると死者側からの通信で、おそらく死者はこんな想いを訴えたいのではないだろうか――と、常に死者の立場に立って、優しく推量してみると、彼らの語る声がはっきり聞こえて来るように思えます。

死者との魂同士の交流なくして精神病解決の糸口は見つかりません。とにかく誰が何を言おうとしているのか優しい心で耳を傾けること――その姿勢があれば、必ず「何故、どうして」がわかって来ます。

2. 死者の意識の性情（その一）

●症状から死者の訴えは推測できる

死者が憑依すると、人間本来の肉体を支配し、指示していた意識の作用が、他人である死者に入りこまれてしまった分だけ隅に押しやられて、機能をダウンさせます。

目の前にある箸《はし》を取り上げるというような日常的な行為も、食事をしようという意識があって可能だったのですが、食事をしたいと思う心の機能が低下すれば、箸に向かって手や指が伸びて行きません。

或る人が本来持ち合わせていたその人ならではの独得な性格がかげをひそめ、全くその人らしくない性格を見せるようになります。

「素直にいうことをきく大人しい子でしたのに、一体どうしたことでしょう。何か注意でもしようものなら、怒って大変なんです。はじめは反抗期なのだろうと思ってあきらめていたのですが、怒り方がどうも尋常じゃありません。物を投げたり壊したりする時の姿を見ていると、とてもいい子だった自分の息子とは思えません。あれは明らかに別人です」

母親の率直な感想です。母親なればこそ息子以外のものの存在を、息子の中に見てとっています。

盗癖など全く無かったのに、近頃外出しては何か持ち帰ってしまう。スーパーの店長から叱

られ警察沙汰になりそうだったが、本人は自分ではそんなことをしたいとも思わないのに、誰かにそそのかされてしまうのだと言って意外に平静でいたりします。

いずれにしても、病者はいろいろな日常の症状の中で、死者のいいたいことを、そのまま言動によって演じてみせているのです。

ですから、症状をじっと観察することで、死者が誰であって何を言いたいのかが推測できることは多いのですが、しかし、死者の想いの表現は大変に婉曲《えんきょく》であったり、比喩《ひゆ》的であったりして直截《ちょくさい》ではないので、軽々しく判断すると、見当違いをして死者を逆に苛立たせることにもなります。死者の想いの奥底にあるものは、その身になって考えてあげることから見えて来るものだと思います。

たとえばA家にBという大切な縁を持つ死者があるのに、話題にのぼるどころか供養もされず、長い年月が経過しているとします。死者Bは、この家の息子を使って自分を思い出してもらおうとしているのですが、A家の人々は金儲けに夢中で、頭の片隅にも思い浮かべてくれません。

そんな時、主人の号令一下、仕事上世話になった或る人の墓参に一家揃って行くことになりました。すると「私を忘れていながら」とBさんは、息子の体を使って大暴れします。

ところが、さっきまで息子は静かだったのに、一体何が気に入らなくて暴力を振るうのだろうと嘆くだけで、相も変わらず死者Bに考えが及びません。及ばぬままに時が流れます。死者も哀れなら、病者の息子も、A家の人々も哀れというものです。

「子孫にこんな苦しみを与えるのが先祖だろうか。それならとんでもない先祖だ、もう拝んでなんかやるものか」

「悪いこともせず働いて来たというのに、どうしてこんな目に遭わなきゃならないのだ。神も佛もいやしないじゃないか。もう私は一切先祖なんて知らないぞ」

こんな声が聞こえて来るようです。今、皆さんに死者の魂の話をしている私でさえ、どん底でもがいていた時にはこれと全く同じことを叫んだものです。

神佛はひたすら人間を守護してくれて、先祖もまた子孫をあらゆる不幸から守ってくれるものと思ってしまっているところに、実は大きな間違いがあるのです。

死者からの通信は、確かに苦しみを伴いますが、それによって学ぶことの方がはるかにはるかに大きく、また御佛《かみ》は人間に敢えて苦難による魂の修行をさせて、もっと本当の幸福を与えて下さろうとしておいでなのです。

●憑依する前に死者は信号を送ってくる

死者は最後の通信手段として一家の宝である息子や娘の肉体に入りこむ前に、まず、さまざまな形の霊障を作って気付いてもらおうとします。軽い怪我・期待するものが逆目に出る・病気・盗難・事故などいろいろな形で信号がしきりに送られて来ます。

それも昨日今日のことではなく、かなり以前からのことなのに、子孫一同誰も死者と連動して想起する者がありません。少しでも早くこうした死者からの信号に気付けばいいのですが、気付くような暮らしをしていません。つまり、生活の中に先祖や死者を置いていないのです。少しでも偲ぶ時を持つような暮らし方をしていないのです。

従って、その悪い暮らしぶりへの深い真剣な反省が行われるまでは、次々に霊障が容赦なく続きます。しかも、まるで教育の課程のように、これで駄目ならもう一つ強くというように、霊障は次第次第にエスカレートして来ます。

初めのうちの軽度な霊障、たとえば軽い交通事故にまきこまれたとします。その時、これは加害者の過失が原因であって、自分は不運にもその犠牲になってしまったと、せいぜい事故の物理的な前後関係を反省するだけにとどまって、これがなんと死者からの発信によるものとはとても思いません。ましてや、そのもっと根本の原因に、自らの生きざま、暮らしざまの間違いがあるからだなどとは、とても考え及ぶものではありません。

おかげで出費は嵩《かさ》むし、家族間は思わぬ生活の乱調でギクシャクし、みんな不快感をつのらせて悪循環を作ります。その悪循環が次の大病を生みますが、これも手術や投薬によって治ってしまうと、近代医学に敬意を表するだけで、まだまだ真剣な「何故」「どうして」と自己反省に向かう気配が出て来ません。

やがて、七転八倒の苦難が到来することになりますが、それでもなかなか死者への思いやりという心のレベルにまで魂が昇華せず、霊障は増大カーブのまま進行して行きます。

精神病は、数代にわたって気が付かなかったという自分中心の暮らし方の累積が、行きついて形となったものです。長い間の死者からの連絡がたくさん集まってそれになったのです。

たしかに霊障は受ければつらいものですが、死者たちにしてみれば唯一つながっている意識から意識への通信手段であり、しかも到達が心許ない連絡法でもありますので、相当に想いをこめた必死の通信となります。

が、次第に強度を増す発信を受けているうちに、この世の人間も、私のような立場の人間との縁ができることから、遂に発信源にピタリとダイヤルを合わせることとなります。

これこそ死者の願いの成就です。発信は不要となり、霊障は姿を消します。

私の霊視を縁にようやく死者たちの想いに心を重ねることのできた一家の事例をご参考までに――

3．死者の意識の性情（その二）

●突然の霊視の謎

朝方――といってもまだ陽は上っていませんでした。霊視に現れた老人は、色が黒くて体格のいい、どこか頑固そうな人でした。

「今、あの子はどうしている？　あまり具合が良くないだろう」

と、私に話しかけて来ます。私はその老人と縁のある人間らしく、すぐに答えます。

「菊次郎のことですか」

「ああ、そうだ」

私は、菊次郎という人が今病気でいるのをよく知っているらしく、その人のことをはっきり意識しました。老人は続けてこんなことを言います。

「菊次郎の娘が二人、事故をしたろう」

私が何か答えようと思う間もなく、急に別の場面が現れて来て老人は見えなくなりました。

舗装された広々とした道路です。どうも一段高い場所を思わせる情景でしたが、それよりも更に高い所に立派な寺があるように意識されました。次にまたこの場面と代わって、今度はどこかの町中のような、昔を感じさせる情景です。私は一軒の家に立寄っているのですが、そこには古びたケースらしいものの中に、真白な砂糖が入っているのが見えました。脇には砂糖の袋が置いてあり、どうも何か砂糖を商売にしている家だと思えました。

霊視はそこで終わりました。時計はもう朝の五時を少し回っていました。いつものようにノートに今の霊視の内容を記録しながら「おや」と思いました。

今日は毎月の月例供養祭の日ですので、どなたかの霊視をとるという約束は全然無かったはずです。それなのに霊視を依頼されていた場合と同様にはっきりと視せていただいたわけです。こんな時は大抵その日にひょっこりおみえになる人に関するものだったりすることが多いのですが、しかし、今日は大勢の人が集まる日ですので、果たしてこの霊視に適合する人がわかるかどうか少し心配でした。

ボツボツ早目においでになる人々の中に、Aさんの顔が見えました。Aさんは義姉のほかに、初めて来たという親類の人数人を連れて来た様子です。

挨拶をかわした途端に私はもうこんなことを言っていました。

「おたくに菊次郎さんという人がおられましたか」

自分の口からこんな質問が急にとび出すなんて不思議でなりませんでしたが、それよりもAさんの義姉の返事にはもっとびっくりしました。

「はい。菊次郎というのは私の弟ですが……」

「あなたの弟さん？　で、いつ亡くなった人ですか」

「いえ、今生きていますが……」

「あ、そう。では、今、とてもどこか具合が悪くありませんか」

「え？　先生、どうしてそんなことをご存じなんですか」

Aさんたちも、また、近くにたまたまおられた人達も、びっくりして一斉に私を見つめました。

「いや、今朝霊視されましてね」

「でも、今日は先生に霊視をお願いしていませんのに……」

「そうですよね。で、その菊次郎さんの娘さんが二人、事故か何かに遭ったことありませんか」

「え？　はい、二人とも自動車事故で怪我をしたんです。先生、その娘の一人はこの子です」

すぐ脇に座っていた十八歳ぐらいの器量のいい娘さんを示したのです。

「それで、この子の妹も同じように別のことで怪我しまして……」

みごとな霊視であったことに私も驚きました。月例祭の始まる時間を気にしながら、砂糖を扱う商売について訊ねてみますと、

「それ、私達の両親です。両親は今、茨城で健在ですが、昔、砂糖でお菓子を作る仕事をしていました」

「へえ。それでは今日の霊視は全部あなたの家のものだったんだね」

私も驚きの連続でしたが、Aさんたちは月例祭の最中も興奮がさめやらぬ様子でした。

さて、このAさんの義姉の弟の菊次郎さんは、当年五十歳で、今、茨城で両親の近くに住んでいらっしゃるということでしたが、昔から何故か運が悪く、奥さんにも死なれ、重病にもなったりで、とにかく皆の心配が絶えないくらいに気の毒な人なのだそうです。

月例祭が終わってから、私はAさんたちに、これは絶対に原因は死者につながることである

と説明しました。

「菊次郎さんたち姉弟のご両親に対して、死者が見せている霊視と思われますから、今日帰ったらありのままをご両親に話さなければ駄目ですよ」

と、この日はこれまでにして、約二週間たった或る日あらためて霊視をとってみることにしました。

●若死の原因は死者たちの失望の表現

突然、暗闇の中からこんな声がしました。

「おい！　俺たちの墓をどうしてくれるんだ」

私は真っ暗な中を手探りで歩いているような感じでしたが、急に目の前が明るくなって来ました。長い時間、山の中にいたような気がします。目が明るさに慣れてくると、私が居る場所は随分高い所のようです。夜明けの気配がします。

それにしても、なんと素晴らしい景色なのでしょう。季節は春なのか田圃《たんぼ》や畠が美しい。ゆっくり見廻すと、正面の遠くにトンネルが見える。線路があるらしい。

ふと気がつくと私のすぐ横の、やや暗く一段高くなっている所に一人の老婆がうす汚れた着物を着て腰をかがめて立っていました。地面を見ながら何かを探しているような、そんな感じでした。大きな木もあって、ここはどうも寺の近くの墓地だなという気がしましたが、寺もはっきりと見えたわけではなく墓らしい石塔なども見えません。しかし、老婆はどうもお墓を探して歩いているように思えました。

突然、老婆が暗く生い繁った樹木に視線を向けます。するとそこに一度どこかで会ったことのあるような老人が立っていました。色の黒い体格のいい人です。私は懐かしさを感じました。そんな私の心を感じとってくれたのか、老人は私に笑顔を見せました。が、老人は急にきびしい態度になって、

「おい、俺たちの墓をどうしてくれるんだ」と、威厳のある声でいうのです。私にいっているのかと思いましたが、老人はどうも私の前の方で小さくなって座っている老婆を見下ろして怒っているようでした。

やせた小柄な老婆は、泥の中を歩いて来たような汚い着物のまま座りこんでいて、なんとも哀れな姿です。私は特別な感情を抱くでもなく冷静に、

「そうか、あのお婆さんが、どうもお墓をちゃんと守っていなかったらしいな」

などと思ったりしました。

怒っている老人の厳しい態度も、私には何故か温かく感じられ、なつかしいような思いがいつまでも残りました。私はこの霊視を記録しながら、

「そうか、あの老人は……」

と、この間の霊視に現れた人と同一人物であることに気付きました。となると「私」という立場の死者から見て祖父にあたる人ではなかろうか。そんな感じがして、そのことを記録にも書き加えました。菊次郎さんの病気や、その娘さんたちの事故のことを言ったあの老人に違いありません。

翌日、Aさんの義姉の実家の方々が、霊視の話を聞かれたからか、六人も揃っておいでになりました。「俺たちの墓をどうしてくれるんだ」という老人の声について一言説明した上で、霊視の内容をゆっくりとすべて皆さんに話しました。その説明が終わるとしばらく沈黙が流れ

ましたが、すぐに私の前にいた妹さんがしゃべりはじめました。

「そのお墓というのは、ホラ、昔のお墓じゃない？　ね、そうじゃないかしら。先生、私たちの実家の墓地は、今はすぐ私たちの住んでいる所の近くにあるんですが、昔は山の上の高い所だったんです」

「ほう。で、そこにお寺はありますか」

「はい、あります」

「今のお墓の方にもお寺があるんですか」

「はい」

「そうすると、お寺も変わったんですか」

「はい。そのお爺さんが怒っているのは、きっと私たちの祖父のその上のおじいさんだと思います。……ね、そうよね、きっと」

と、姉を見返すと、姉さんの方も大きくうなずいています。

どうやら意外に霊視の内容が早く解明しそうな様子です。

この家の本家というのは、C市で料理屋をやっているそうですが、そこを現在経営している人の母親というのが夫を早く亡くした後、或る宗教家の大変な信者になって、そのために新しく自分でその宗教家の寺に墓地を求めました。そして、自分の夫の遺骨だけを、以前からのご先祖のお墓から出して新しい方の墓へ納めてしまったようです。

「すると、ご先祖様の眠っている墓所はそのままにしておいて、みんなで新しい方にばかりお墓参りしていたわけですか」

「はい。でも私達は父や母から聞いたのですが、昔の、山の上にあるお墓のお寺さんには、永代供養をちゃんとお願いしたからいいんだとか……」

こういういい加減なことをさせて何とも思っていない宗教家が存在することに、私はまた腹が立って来ました。指示されたままに墓を変えたお婆さんというのは、もう死んでその新しい墓に入っているということです。

これはもう完全に人の道から外れたやり方です。確かに今目の前にいる人たちに罪は無いかもしれない。が、しかし、死者の想いに対してこの世の人間が人間らしい思いやりをすることを全く忘れています。第一、無責任です。

「信仰ということと、ご先祖の墓を預かり守るお寺とは全く別次元のものなんですよ。そのお坊さんもとんでもない人だな」

「でも有名な人で、たくさんの人の先頭に立って世界平和を祈願する人ですよ」

「そんなの少しも偉いことじゃありません。自分の信者になった人の祖先を悲しませ、そして子孫に悪い因縁を生んでしまうようなことを平気でしたんですから、偉いどころか世の中を狂わせてしまう人です」

私は、はっきりと言いました。同じ坊主だからとて遠慮はしません。間違ったことをしていながら何が世界平和ですか。誰からも反対が出ないで、しかも大きく見える世界平和の看板で自分まで誤魔化しているだけではありませんか。

少し落ち着いたところで姉妹に言いました。

「いくらあなたたちが本家でないからといっても、あなたたちを生んだご先祖たちのお墓じゃありませんか。霊視に出たその山のお墓を、誰かがちゃんと引継いで行かなければ、そりゃご先祖も怒りますよ」

「そうですね。私も小さい時に両親に連れられて行ってよく憶えていますが、高台で、古いお寺があって、村を見下ろすようで……さっきうかがった霊視の内容とそっくりの景色です」

「で、あなたたちのご両親は、まだ墓所を定めてはいらっしゃらないのですか」

「いいえ、あの……さっきお話しましたその偉いお坊さんの、祖母が買いましたお寺の方に……」

次々に問いつめるようにいろいろ聞いてみますと、もう既にこの家には不幸が続いていて、菊次郎さんの兄が三十八歳、姉妹たちの下の妹が二十一歳で突然に病死して、そして新しい墓の方に入れられていました。やはり見せていたのです。早く誤りに気がついてほしいという霊界から両親への知らせが来ていたのです。気がつかなかったから——で済んでくれればいいのですが、これでもかこれでもかの死者からの通信に対して、呑気に無反応を繰り返していますと、受信を期待する価値なし——と判定したかのように、この世の肉体を実にあっさりとあの世へ持って行くこともよくあります。この家系での多くの若死の原因は、こうした死者たちの「失望」にあったと私には思えてなりませんでした。

人間が死ぬということは、死者の側から見ればこの世で考えるほど重大なことでも何でもないのです。生きているか死んでいるかは、肉体を持った状態でいるかいないかという、たったそれだけの違いであって、魂・意識体は肉体の有無のどちらの場合でも、少しも変わらずに生きているわけです。

ですから、死者がその想いを伝えるための一方法として、人間を肉体の無い状態に変えてしまう、つまり死なせてしまうことぐらいたいして困難なことではないのです。

●自分中心の生き方では死者の訴えがわからない

さて話を戻しましょう。とにかくこれからも続くであろう霊障の原因が把握できたのですから、本家が捨ててしまった墓所を復活し、そこのお寺さんへ謝罪をして改めて檀家として復帰したことを先祖の皆さんに見ていただくようにとおすすめしました。

それにしても「俺たちの墓をどうしてくれるんだ」と言ったお爺さんの悲しい想いが、皆さんにもよくおわかりになったと思います。本当に可哀想ではありませんか。

人間、勝手なことを勝手にするのは、絶対に愚かな行為です。自分だけの考えで滅茶苦茶をしてはいけません。

日常的に「心」のある生活をしている家庭ならば、死者からの訴えをわがことのように早く気付きますが、反対に、俺が私がと自分の損得を中心に勝手な暮らしをしている家では、死者の想いに気付くまでの間、実に長い時間をただただ苦しみ続けることになるでしょう。自分の生きざまを顧みて下さい。

このことは、精神病という名の異常事態と対峙《たいじ》して、なんとしても完治させたいと志すことになった者、つまり、病者の親・兄弟・配偶者にとって最も重要なポイントです。

わが家の困難の原因を、自分以外のところに求めているうちは、解決のメドさえ立たないということを、ここでひとまずはっきりと申し上げておきます。

死者はＯＡ機器でいうスペース、つまり、空白でも無でもありません。肉体こそ持っていませんが死者は生きています。

生きていて意識を作動し、私たちこの世の者に大きな影響を与え続けていますが、そうだからこそ私たちからも応答することが可能です。対話ができます。

対話ができる以上、当然問題解決への展望も明るいわけですが、要は、対話が可能な自分になることです。

第四章

自分の「死」に気がついていない

1. 彷徨する無自覚の意識

●なぜ死者が憑依してくるのか

もう立派な大人なのに人形や玩具を身辺から離そうとしない。コインや、時には腕時計などまで口へ持って行って食べようとする——こうしたタイプの奇行は、幼児のまま死者となってしまった意識体すなわち魂が、憑依した生者の肉体を動かして示している姿です。

従って、奇行を死者の一つの「表現」と見れば、その死者が肉体を失った、つまり、亡くなった時の年令や状況を窺《うかが》い知る上での大切な手掛かりともなります。

酒乱という症状もまた、これと類似した現象で、普段は大人しい人なのに、酒が入ると全く別人に変わってしまうのは、酒乱だった死者が今生きて生活している人間の飲酒行為を導火線として酒乱の姿を演じて見せるものであるということができましょう。

こうした事例の数々を克明に見つめて行きますと、それこそ無限の幅の態様があり、それぞれに死者自らの想いが託されていることがよくわかります。

これらの行動を、通常の社会生活の中では狂ってしまったための悲しい奇行、すなわち精神障害による諸症状として一括してしまっていますが、実は一つ一つにさまざまな形で死者の訴えの「意味」や「理由」がかくされていることに注目しなければなりません。

しかし、それにしても死者はどうして肉体にこだわり他人の肉体を借り、その肉体機能を作動させて自己表現をしようとするのでしょうか。

それは、死者が自分の死をまだ自覚していないことに原因があります。自分が既に死んでしまっていることに全く気が付いていません。このことが本書の最重要のテーマであり、精神病の本体に迫る鍵でもあります。

自分という人間は、大自然の中の生物の摂理のままに作られた肉体と、もう一つ、不可視であり計量もできないまことに不思議な力をそなえた魂とが合一したものであると、自分で充分に承知しているならば、片方の肉体が草木や諸動物と同様に消滅した時に、魂の方だけが残って自分というものの意識作用を働き続けていても少しも驚きません。

ところが、生前に、魂の精神作用を脳という肉体器管の一部による作動と、物質的視野でのみ考えていたとするとどうでしょう。つまり、肉体の死は魂も含めた一切の消滅であると考えていたならば、死んだのち、なおも作動している自分の意識を知ってびっくりします。そして、こうしてものを思う自分がある以上、まだ死んではいないのだと錯覚してしまうのです。まだ肉体も生きているままであるようなつもりになってしまうのです。

死んでしまったはずがない、何故ならこうして少しも変わることなく、いろいろなことを思って口惜しがったり腹を立てたりすることができているではないか、そうなのだ、自分は死んでなどいないのだ――と、大きな過誤・錯覚の中で意識だけがぐるぐると堂々巡りを始めます。

もし、生前から魂なるものに気付いて暮らしていた人間は、こうした場合もたいした迷いもなく現状を正しく把握できますのであわてません。そして、本来このように魂・意識体だけに戻った際に帰って行くべき所、すなわち大宇宙の法則のままに宇宙のどこかに組みこまれているポジションへ、定められたルート通りに迷わず帰って行きます。

大宇宙の法則そのものが御佛《かみ》ですので、昇天といったり成佛といったり宗教によって呼び方は変わりますが、かつてこの世に誕生して肉体と合体する以前に、一つの意識体として生きていた場所に安らかにそして一直線に戻って行けるのです。

ところが、目に見える実存の肉体だけが人間であると思って、知識に自惚《うぬぼ》れ欲望のおもむくところこそが正義と勘違いして暮らして来てしまった人間は、前述のようにいつまでも自分の死を正しく自覚できません。死後数十年を経過してもまだ数分間しかたっていないような感覚で、繰り返し繰り返し自分の生死を不安げに確かめ続ける仕儀と相成ります。

これがいわゆる迷っているという状態なのです。

まだこの世に生きている気でいますので、生前と全く同じ性格のままでいる場合がほとんどです。頑固者は頑固なままです。自分の性格に変化がないため、肉体も生前と何一つ変わっていないような気がして、怒ったり嘆いたり悲しんだり妬《ねた》んだり、自分自身もこうしたいやな想いに苛《さいな》まれながら地上を彷徨《ほうこう》します。

ところが、頼りとする肉体が実際にはもうありませんので、何一つ思いのままに進行させることはできないし、解決もしません。イライラした想いだけがどんどん増幅して行くばかりですから、まさに地獄の苦しみです。安らかで平穏な境地（極楽）は絶対に訪れて来ません。終わることのない真っ暗な苦しみの中に永久にさまようばかりです。まことに哀れというほかはありません。

死の直前まで肉体をむしばんでいた病気に死後もまだ苦しんでいた事例を第二章でも紹介しましたが、特に癌とリュウマチの痛みは激しいからなのでしょうか、死んでもなおその病気によって苦しめられていると思いこんでいます。また、精神病の挙句に亡くなった人は、死後もなお自分は精神病のままだと思いこんでいるわけです。その意識のまま地上を彷徨しています。そのような意識体に接近されたり憑依されたりしますと、標的となった人は足腰が痛くなったり、または精神病特有の奇言奇行を頻発して家族を悲しませることになるのです。

更にまた、自殺・事故死は死の自覚に最も欠け易い死に方で、まず百パーセント自らの死に気付いておりません。突然の自分の死についてしきりに不思議がっていて、納得できないまま最悪の状態でさまよっています。納得できないために、縁ある人間の肉体を借り、自分の死の状況を再現してみて、今の自分の状況を確認しようとします。そのために肉体を借りられてしまった人間は、死者が行なう実験の材料となって死に向かって一直線の行動を始めてしまうのです。まことにおそろしいことと言わねばなりません。

●死を自覚することの難しさ

私は、死者に向かって供養の際によく話をして納得してもらっているのですが、まずほとんどの死者が私の話でようやく自分の肉体の終焉を理解して下さいます。そうだったのか、自分は魂だけになってしまったのかとやっと気が付き、そして気が付くと御佛《かみ》のルートに乗って本来の魂が在るべき場所へと、それこそ一気に帰って行きます。成佛です。

ところが、ごくまれに私がどんなに話しても自分の死を頑固に肯定してくれない死者があります。こんな時はまさに根《こん》くらべといった感じで、何度も供養を繰り返して説得するしかありません。

一人のお婆さんの死者で全く困り抜いてしまった経験については第二章「憑依の実際」の中でも記述しましたが、あのお婆さんも死んだことに気付かないままでいた代表サンプルのような事例でした。

ああもしたかった、こうもしたかったという年寄りの想いそのままに、自分の子孫たちにさまざまな障《さわ》りの現象をもたらし続けたのです。子孫の皆さんが心優しくお婆さんの気持を汲んで上げて、お婆さんが気にしているであろうことを代わっていろいろ処理して行っても、それでもなおこの世にとどまっているのです。こういう時は何度でも霊視をして、お婆さんの意識の中にあるすべてを一つずつ順に吐き出してもらうしかありません。

とうとう最後の最後に、自分でかくし続けていた不倫の恋をすべてさらけ出し、そしてお婆さんはようやく成佛して行きました。このお婆さんはそこまで自分の心を整理して浄化しない間は、いつまでも自分の死を正しく認識させてもらえなかったのです。

確かに自分の死を自覚するのは難しいことのように見えますが、しかし、生きているうちにこのことを承知していれば、決してそんなに困難なことではないと私は常々皆さんにお話しています。

肉体は一つの乗り物のようなもので、それに乗っている魂の方こそが本当は人間というものなのだと考えればよいと思います。

そうすれば、肉体が終わった後は再び本来の形である魂だけの自分に戻るという大原則に従うだけで、死をただ恐れてあわてたり迷ったりすることもありません。しかも、このことをしっかり心に留めておけば、生きている時の生き方にさえ迷いは全く無くなります。

肉体がしきりに求めるあらゆる欲望の空しさを知り、一方、魂の充足という満ち足りた悦びを知れば、人生をどう生きるべきかがよくわかります。

これが御佛《かみ》の心との一体化というものなのです。

この世をどう生きるかもわからず、死んでも自分のその死に気が付かず、ただウロウロと苦しみさまよって子孫にとりすがるような、そんな人間には何としてもなりたくない——そうは思いませんか。

2. 死者と対話する心

●重度の精神病とはどういう状態か

ところが、残念ながら多くの人々は、死んだのち成佛できずに子孫の肉体を借りて苦しい想いを訴えかけて来ます。憑依して来ます。ほかの霊障にくらべて精神病の場合、こうした死者の想いは特別に強いし、死者の数も決して一人や二人ではありません。一人や二人でないばかりか、腰を据えたようになかなか去ろうとはしてくれないという重度のものばかりです。言い方をかえるならば「多数の死者による憑依が膠着化《こうちゃくか》、つまり憑いたまま離れなくなったもの——それが精神病」なのです。

ですから普通の病気にある「遺伝」というものはありません。が、遺伝のように代々続くということがよくあります。これは原因となっている死者群が一人も成佛できないままに、同じ家系の代々に作用しているからなのです。

一人が亡くなれば、次の代に、それが亡くなればそのまた次の代へと、気付いてもらえるまで作用が遺伝のように続きます。

す。死んだ人は、死んでみてはじめて自分が供養をすべきであった死者たちに気付いてあわてます。そして自分も先祖たちに加わって、一緒に頼みにやって来ます。

つまり、子孫に頼る死者が一代ずつ増えて行く計算になりますので、それだけ症状も次第に複雑に、そして重くなって行きます。

多数の死者の憑依――と申しましたが、多数の死者が一ぺんに一人の生者の肉体を占拠して居座るという形ばかりではありません。出たり入ったりもします。憑依が膠着化することなく、出たと思うと入ったり、入ったと思うと出たりするのですが、ここでいう出たり入ったりは、膠着化した複数の憑依霊のうち一部が離脱すると、その空いた部分を埋めるように別の死者が入りこむことをいいます。

一人の成佛に成功しても、まるでその機会を待っていたかのように、全く別の新顔の意識が入ってしまいます。まさに「待機している」のです。こうした状態がいわゆる重症の精神病ということになりますが、この無限の地獄ともいうべき絶望的な死者の動きに、私たち人間は一体どう対処したらよいのでしょうか。

●形式的な作法では死者に通じない

憑依されてしまったらもう打つべき手は何もないのだろうか。訴えかけて来た死者たちと、一体どうつき合ってどう応えたら死者たちが納得してくれるのだろうか。

このような最大の関心事に明確な指針を与えることこそが霊能者などと呼ばれている人々の責務と思いますが、ところがこの肝心なことには触れようともせず、全くどうでもいい方向を向いてしまっているようです。「あなたの背後にあなたのお祖母さんが見えます」などとテレビ画面上でびっくりすることを述べる霊能者でも、そのお祖母さんは成佛していないから背後に見えているのか、だったらお祖母さんは何を言いたいのか、そしてお祖母さんに孫として何をして上げたらよいのか、そうした大切なことへの指示が全然ありません。かりに指示があったとしても全く根拠のないことばかりです。

線香を何本あげてどうするといったような、何故そうすると良いのかよくわからない形式的な作法や、時には難しそうな呪文をすすめてみたりします。更に自己中心的な修養・鍛練などへ方向転換して誤魔化したりで、かえって指示などしてくれない方が正しいということばかりです。お線香を何本あげようが頼って来た死者がそれによって成佛することなど絶対にあり得ません。

そんなことで成佛するなら、葬式の際に僧侶によって引導を渡されたはずの死者は、一人残らず成佛していて、憑依などという現象は絶対に起こらないはずです。実際に成佛していない死者が氾濫しているからこそ、私たちは苦しんでいるのだし、日夜努力を続けているのです。

死者は意識体です。こちらの心を求める魂です。なぜならばこちらが肉体でどんな形のことをしてみせても死者に通じるはずがありません。こちらも魂・意識体によって同じ土俵で応えるのでなければ、死者とは対話できないのです。

●死者を心の底から思いやるということ

私のところは、「供養」こそがこの世に生きる人間のただ一つで、しかも最大の死者に対する務めであることを繰り返し説いておりますが、この供養というのは、前述のようにお線香がどうだとか、お経や作法がどうだとかいうような形のことよりも、死者を心の底から思いやるという気持に主眼を置いております。

もちろん私の独得の供養法とはいっても、私は佛教の僧侶ですので読経もしますし、それなりの祀りごとの形式もあります。ただ大きく違うところは、その供養という行事を、私が一心にとりおこなって、その席に皆さんが陪席《ばいせき》する、つまり、私によろしくといって任せるような気持では駄目だとうるさいほどに申し上げていることです。

供養の主体は、縁者の皆さんであって、私はそれをサポートする役目の僧侶です。

自分で供養するのです。自分で一心に死者と同じ意識となって死者に語りかけるのです。こうした「主体性」を忘れた供養行事が今は氾濫《はんらん》しています。護摩を焚いてもらった、祈禱してもらったと、すべてひとまかせではありませんか。こうした皆さんの他力本願の甘えた気持を払拭《ふっしょく》したいために、私はあえて宗派では大事な護摩作法まで休んでおります。

死者はあなたになにがなんでも気付いてほしい場合、あなた自身にではなくあなたの最愛の人に憑依します。そしてその肉体を使って表現します。あなたにとって最愛の人の異常事態が最大の衝撃となることを死者はよく知っています。

あなたが気付くまで言葉の端々に伝えたい事柄を盛りこんだり、異常な行動によってあなたの関心を独占してあなたの心を揺さぶり続けたりします。

あなたの最愛の人、つまり子供や配偶者が精神病となったなら、死者の本当の狙いはあなたであることをまずよくわきまえて、あなたの全身全霊でしっかりと死者の意識を受けとめなければなりません。

死者は必ずあなたにわかってもらえるようなことをしています。言っています。

もし投薬にたよりますと、薬の効力によって病者は生活反応を極度に低下させ、手足や口を動かす働きが一ぺんに悪くなりますので、表現が満足にできなくなります。

つまり、症状がはっきりしなくなった分だけ死者の想いが読み取りにくくなってしまうわけです。副作用の弊害を考えても、薬はできる限り避けたいものです。

それにしても、最愛の家族が毎日狂った言動を繰り返すとなったら、それこそ我が身を斬られるようにつらく悲しいものです。しかも相手はその場の状況など一切おかまいなしで、想いをむき出しにします。まさに悪魔が自分たち全員を苦しめるために滅茶苦茶に攻撃して来ているようです。

しかし、悪魔とか悪霊は絶対にいません。悪魔や悪霊と思うのは被害者意識のせいで、反対に、可哀想な死者を放置していた加害者が自分たちなのだと思ってはいかがでしょうか。淋しかった死者の想いに「すまなかった」と詫びる立場になって下さい。

そうした心で病者に接すれば、死者は絶好のその機会を逃さずに必ず何かを表現して来ます。それが解決への貴重な手掛かりになるのです。

亡き人の心を思いやる優しさ、これが供養をして行く場合にもその真の心を作る上での第一条件であり、また、問題の解決・精神病完治に向かう道程の第一歩でもあります。

3. N家の場合

●体験談に学ぶ供養の心

ここで、今、息子さんのことで一家を挙げて努力を続けておいでのN家について実例をご紹介したいと思います。供養によって効果は当然の結果として少しずつ現れて来てはいますが、この稿を書いている時点ではまだ完治には至らずにおります。

それでも皆さんに学んでいただきたいものがたくさん含まれています。つい先日の、私の寺での月例供養祭のあとで参集者の方々の前で体験談としてお話しいただきましたが、N夫人は恥など一切をかなぐり捨てて、一生けんめい話して下さいましたので、会場の全員が大きな感銘を受けました。今苦しみの真只中にある人のお話だっただけにその真実が人々の胸をうったのだと思います。Nさんのご諒解を得てその時のスピーチをここに再録します。

今思い出してもあの二、三カ月は本当に地獄でした。息子が大声で叫んで暴れまわり、外へ飛び出してしまうので、雨戸も閉めたきりであけることもできません。息子の身体を晒《さら》し四反と布団でグルグルまきに縛り上げても、おそろしいことに、そのままヒョイと起き上がって逃げ出そうとするのです。

そして「真っ暗な所だから出してくれよ、暗いよ。早く出してくれよ」と泣いたり怒ったり

するのです。そんな息子を前にしたまま、夫も私もどうしていいやら見当もつかず、ただおろおろしたり、悲しさに涙を流したりの毎日でした。

萩原先生とのご縁ができて、霊視をしていただいたり、お話を聞いた私は、これはもう全部の縁ある方々をハシからご供養しなければ絶対に終わらないと実感することができました。

先ず霊視に出て来た人からご供養を開始しようと、霊視の内容を手掛かりに調べにかかりました。霊視では、五軒の家の一番端の家に放火をするシーンと、その時の心理がこまかく表現されていました。幸いに、数十年前の放火による火災もつきとめられ、その行為に今も後悔して苦しんでいるであろう人の見当もついたのですが、さあそのことをくわしく調べるために親戚の家を訪ねると、ケンもホロロです。そんなことを何故調べるんだ、もう二度と来るな――と玄関に足さえ入れさせてくれませんでした。

でも、一人ずつご供養をして行きますと、息子からどんどん抜けて行くものがあるのが私にもよくわかりました。

とにかくお一人お一人が、みんな違うのです。「供養など一度もされていない私だよ」と、息子の口を通じて一生けんめいに言うのがよくわかるのです。

子供の頃に十円盗んだ、それを返したいから十円丁戴といってみたり、次のご供養はAさんにしようかBさんにしようかと迷っていますと「兄貴の方だ」と順番を教えてくれたりもしました。さっきまで暴れていた息子の口を使ってです。

こんなことばかりがあって、それでご供養を今日まで続けることができております。

とにかく二、三カ月前は大変でした。暴力で主人は年中血だらけです。主人をつかんで引き寄せ、主人の皮膚が破けるまでつかんだ手をはなしません。あれは本当に人間がしていることではありません。

息子の体を使って出て来た人たちは、みんなすごかったです。そしてその思いの原因をみつけるのも大変でした。

どうして我が家はこんなにひどいのだろう、どうしてこんな先祖ばかりなんだろう、どうしてこんな目に遭わされるんだろう。

本当に情けない気持でした。そのうちに戦争で亡くなった人が出て来ました。息子が布団でスマキにされたままの姿でヒョイと立って、拳銃を構えて射つ姿をするのです。そのうちに静かになったなと思うと今度は小声でブツブツ言い始めました。

「どうしたの？」と聞くと、押し殺したような声で命令調にこう言います。

「こっちへ来るな。何か聞いたりするな。しゃべるな」

そして「食べるな」と食事もさせてくれません。水ものませてくれないし、トイレにも行かせてくれません。これが十日間も続いたのです。このまま私も死んでしまうのではないかと思いました。そして、もういいから私を殺してほしいと息子に頼みました。

こんな状態の中からそれでもやっと這い出るように、とにかく乗り越えなければと、ご供養を一つ一つやって行きました。そんな時に一つのポイントが見えました。

曽祖母の兄弟の一人の一家族が、それはもうものすごい想いを残していることがわかったのです。その一家の痕跡をたどって行って或るお寺さんにとび込んで「この人たちを探したいんです」とお願いしました。そうすると、こんなことをおっしゃいました。

「どうもおかしい家があるんだ。やたらとたくさんの位牌があるんだが、どれもこれもみんな苗字が違っているんだよ」

それでその家を訪ねましたところ、私が探している人が全部わかったのです。その一家は分家として私たちと同じ姓を名乗っていたとばかり思っていましたが、とんでもないところで、よその家の墓に一家がどういうわけか揃って入っていました。

さぞかし肩身がせまかったことでしょう。それで私たちに強く訴えて来たのです。

もう一つは、なんと本家の方々が無縁佛として処理されていました。家が絶えたわけではありません、息子が一人ちゃんと生きていました。が、その人はこういうのです。

「もう死んでしまったのだから、ほっておけばいいんだよ。死んでしまえばもうみんなおしまいさ」

いつ誰がどう亡くなったのかも一切わからず、もう全くの滅茶苦茶でした。せめて、お水だけでも上げたらと申しますと、

「いいんだよ死んだ人なんか。どうせ私の親など、ロクなことをしてくれなかったんだし……」

と、優しく思い出して上げることすらしようとしないのです。その家は一代で財を築き、その息子も娘も、それこそ蝶よ花よと育てられたと聞いています。それが一代でつぶれたのです。つぶれたのには、みんなちゃんと意味があって、つまりは、生きて行く上の法則をたがえたことばかりしたからなのです。それなのに息子は年をとっても、まだ、あんなことを言って生きているのです。

そしてこうも言いました。

「高野山にコツを預ければ、それでもう一生何もしなくていいんだよ」

だから何もしないでいる。お前たちも余計なことをするな――ということでした。

更にいろいろ調べて行くうちに、或る家で夫婦養子があとをとって、親が死んだ途端に面倒だからと、昔からの位牌の全部を捨ててしまった人たちがいることがわかりました。

この時は、ああ、ここにすべての答えがかくされていたのだと、電気にしびれるようによくわかりました。家へとんで帰って、私は息子にこう言いました。

「申しわけありませんでした。誰が何をどうしたということではなく、子孫としてお詫びします。大事な人たちの位牌を捨てたりして本当にごめんなさい」

すると、息子がこう言うのです。

「お前ら、やっとわかったか」

こう言う息子は息子自身ではありません。では誰なのか、なかなか名前はいいません。でも、奥さんの名を呼び、子供の名を言い、そして、そうしている時にはなんとなくチョロチョロ小さな子供がいるなと感じられます。

子供になるとヨダレをたらりと流します。お洩らしをします。おや、おかしいな、ここの子供は確か先日供養をすませたはずなのにと思って調べてみると、別の水子さんが見つかったりするのです。

とにかく「ちゃんと供養しますから」と約束しない限り暴れます。主人を襲います。そのたびに主人は半殺し同然の目にあいます。一度つかまれたら絶対に逃げられないのですから、死者の霊というのは本当にすごいものです。

「ちゃんとやりますからどうぞ勘弁して下さい」と私が言いますと、ふっと手をはなします。

先生が「先方はあなたの心がわかるのだから、ちゃんと一生けんめい話してみるといい」とおっしゃったので、試すといっては何ですが、そのようにしますと、本当に通じるようでした。

息子が暴れている時というものは、それはそれはおそろしいものです。顔も手も血の気がなくなって真っ白で、目はひきつって、もう本当に自分の子ではありません。

自分の子と思ったらスマキになんぞできるものではありません。こんな気持はとても理解していただけないと思います。

あと何人ご供養したらすべてが終わるかなと考えた時があります。でも、うっかり、これで終わりとか、あと何人で終わりだとか、そういう言葉を使いますと大変です。私たちが考える通りに、本当にあと何人というのが正しければいいのですが、間違っていて一人でも二人でも抜けていたとしますと、供養してもらえなくなるとあせるのでしょうか、そんな時の暴れ方は並大抵ではないのです。

或る日のこと、リンゴを一つほしいと言いますので、言われた通りにリンゴを渡しますと、それをきちんと六つに割ってタタミの上に並べました。あとでわかりましたが、あと六人だよと教えてくれたのです。

母方の方の供養に移りましたら、今度は父方とガラリと変わって、ぜいたくな食べ物を要求する人ばかりです。そんな家系だったのでしょうか。とにかく「旨いものを食わせろ」「何だ、こんなものしか食わせないのか」と文句ばかり言います。たべると「もっと持って来い」と、お膳をひっくりかえします。

私もおこりました。

「何でひどいことをするの。食事を用意するにはお金が要るのよ。お金には限りというものがあるんです。何故こんなことをするんですか。私おこりました。もう、あなたのことなど知りません！」

すると、バスタオルを顔に巻いてしまって知らん顔をします。そこへ主人が入って来ました。

「どうしたんだ、一体」

「見てよ、お膳をひっくりかえしちゃったのよ」

主人が息子に、つまり死者の霊に言いました。

「どうした、どうした。あまりこの小母さんを怒らせると供養してもらえなくなるよ」

そうすると、主人に甘えるような格好を始めます。

もうテレビなんか見たくもありません。こっちがまるでドラマ以上の毎日です。

ところで、どんどんやって行くうちに思いました。先生の霊視は「こちら側だよ」と、父方、母方とか一つの家系の筋を教えて来るものであって、霊視に姿を見せた人だけをやったからといって、それでは駄目なんだということがよくわかりました。

除籍謄本一本とったなら、そこに出ている人全部でなければ駄目です。除籍に載っていたということは、つまり、やってほしいと言っていることなのです。

ですから私は父母の実家についてもハシからやりました。

母方の人で、戦地で亡くなった人が、息子を使って出て来た時は、本当に可哀想で泣いてしまいました。

歌をうたうのです。「翼があったら日本へ帰りたい」と、うたうのです。私は声をかけました。

「栄太郎さん。（名前はわかりました。遠い近いで言えば相当遠縁の人ですが……）明日ご供養しますからね」

そういうと、淋しい顔が一転してパッと明るいおだやかな顔になるのです。私はしばってあった息子の手の紐をほどきます。すると、その手を後に組んで、昔の学生が歌ったような歌をうたうのです。そして、その歌の合間合間に、妻や子の名を呼ぶのです。そんな思いでありながらとうとう日本へ帰って来れなかった気持を考えると、私はとてもたまらず泣いてしまいました。

私の母は、この栄太郎さんのことをよく拝んでいましたのに、やはり成佛はしていなかったのです。いえ、誰一人成佛していなかったといってもいいでしょう。

幼い子供たちの時もとても可哀想です。

「お母ちゃんにあいたいよ」

「お父ちゃんにあいたいよ」

しきりに泣きます。

小さい女の子の場合は、何故かアクセサリーに執着して「指輪ちょうだい」と、私の指から一生けんめい指輪をとろうとします。

亡くなって七年になる叔母の場合は、突然「助けてェ！」と大声で叫びました。誰も知らなかったことなのですが、叔母は泥棒に襲われてひどい目にあったのです。そのことを示して来ました。

明日ご供養に行くからねと私が言いますと、一つ一つ自分の苦しみを訴えて、そして帰って行きます。

息子を通してそれを全部見せるのです。

息子はよく言います。「頭の中に入らないでくれ」「胃の中に入らないでくれ！」

きっと、かきまわされるのでしょう。

午前四時頃でしたか、上の息子がとんで来て、また弟が暴れているけれど、どうも不思議で、赤ん坊の泣き声がしたり、ドアの所に幽霊みたいに男の人が立っているというのです。行ってみると、もうすっかり形相の変わった息子が夫にとびかかっています。

私は、明日供養しようと決めた人について何か間違いをしてしまっているのではないかと、すぐに思いました。

「少し待って下さい」

と、いっていろいろ調べますと、その人の前にちゃんと供養しなければいけない人があったことに気がつきました。

「ごめんなさい。勝手に判断していました。明日ちゃんとやりますから……今、真夜中です。家中が起きて騒いでいたのでは、家中の体力がまいってしまって供養にも行けなくなってしまいますよ」

そういうと、すぐに静まって鼻唄などはじめます。

ご供養はやって当たり前。みんながご供養を待っています。

あの人をやって、この人をやらないというのが、どうも一番いけないようです。考えてみれば、子供たちの一人にだけ飴をやって、ほかの子にはやらないのと同じなのです。

おかげさまで、だんだん息子もおだやかになって、こちらの言うことが聞けるようになって来ました。息子自身でいる時間が増えて来ました。

食事の時には、手をしばっていたロープをとるようにして、食事が終わってから、

「ごめんね。お前はあばれないのだけど、中の人が苦しくてあばれるので、また縛るよ」と、いいますと、静かにうなずいて両手を前にさし出します。

可哀想です。私のしていることは親として残酷です。よそからみたら異常でしょう。

先生がいつもおっしゃって下さる「いつかは必ず終わる」という言葉を頼りにご供養を続けています。私が続けているのではありません。死んだ人たちが私の足を運んでくれています。

全部の人が待ち望んでいるのです。

以上がNさんのお話です。千万言の解説よりも何が必要なのか供養とは何なのか、よくおわかりになったと思います。

ふた親の墓参りなど殊更に胸を張って言うほどのことでもなく、水子が可哀想なのも我が子だからのことです。いつも自分を真ん中に置いて暮らしているだけなので、亡くなった人というと両親や水子や自分の知っている人程度しかすぐに頭に浮かんで来ないのです。その暮らしぶりははっきり言って間違っています。

自分という人間がこの世に生まれ出て来たという大いなる神秘を支えたたくさんの人々の存在と、その人々が常にあなたの上に愛の眼差しを注いでいるということを忘れていいものではありません。先祖の方々の中の一人でも欠けていたら、あなたはこの世に生まれて来ていませんん。大事な大事な方々です。

その人たちのことを一秒間すら念頭に置いたことがないことを今こそきびしく反省して下さい。墓参りしているのにとか、お線香あげているのにとか、そんなことで済んでいると思っていた、または思わされていた長い間の因習の中で、あなたは結局、死者を偲ぶことを怠けていたのです。

第五章

間違いだらけの慣習

1. あなたは何を拝んでいますか

●死者を偲ぶ行為を略式化することの間違い

私は、佛典とか哲学書とかそうしたものからの引用をつなぎ合わせて、それで何か一つのことを述べるような方法を意識的に一切排除しております。学問らしい体裁《ていさい》をとることで難しくなってしまったら、宗教が人々から遊離してしまうと恐れるからです。

幸か不幸か私は学問とは無縁でしたので、体験第一主義と申しましょうか、ひどいめにあったり後悔したり、そのつど夢中で様々な体験をして、あとになってから御佛《かみ》のなさることの広大さに気付いてびっくりするという、そんなことばかりでした。ですから皆さんに何かお話しする場合でも、実証的立場でと申しましょうか、実際の体験をベースにするしか方法がありません。佛教学上の語句を多用しますと、言葉の意味が深いために解釈論義の方向につい流れますし、また、いつの間にかその立派な言葉にたよって、それを自分で初めて言い出したような偉そうな気分になります。

そこで、あえて平易に書くように心がけているのですが、平易なるが故に、私の言っていることが佛教とは無縁であるかのように思ってしまった若い僧があって、びっくりしたこともあります。若いのにもう言葉の虜《とりこ》になってしまっているわけです。

しかし、佛教というのは大変難しいものだから、それを専門に勉強している僧侶が扱えばそれでいいのであって、一般大衆は佛事に関する一切を僧侶にゆだねていればよろしいという風潮が長い間続いています。そして、僧侶の言うことを金科玉条《きんかぎょくじょう》の如く盲目的に受け入れていることが善男善女の条件みたいになっていました。こんな習俗みたいなものが明治時代からなのか、もっと以前からなのか、それこそ無学な私が知る由もありませんが、しかし、本書のテーマとする問題では、昔、僧から庶民に伝えられ、盲目的に守られて来た多くの慣習が重大な障壁となっているのです。

いつ誰が教えたことなのか、実に無責任な教えが、まことしやかに蔓延《まんえん》しています。その間違った教えを、むしろ便利なものとして来た長い歴史が憑依現象の原因を作り、そして現代の精神病を引きおこしているのですから絶対に捨てておけません。

間違いの多くは、死者を偲ぶ行為や行事の簡略化・形式化です。が、その風潮を作ったのは昔の宗教家や行政の長ではなく、一般の大衆自身だったのです。間違いを助長したのは人間の、楽をしたい、簡単にすませたいという怠惰で欲張りな心だったと思います。

死者のことで、楽に簡単に――は絶対ありません。自身で一心にしなければならないことが山ほどあります。それでもしなければなりませんし、しない限りいい結果をいただくことなど思いも及びません。

●私利私欲のために祈っていないか

神や佛に手を合わせる時に、いつも私たちは胸中に何を考えているでしょうか。

すべての事象をすべて神佛のご配慮に発するものとして、自分に都合がよかろうが悪かろうが素直に受容して、大きな存在である御佛《かみ》にただただ感謝申し上げるというのが一番いいと思うのですが、そうはいっても愚かな人間にはなかなかそうした気持に自分を美しく昇華させることはできません。

まずほとんどは、自分可愛さのお願いごとばかりです。

どうか何々して下さい、どうかお守り下さいというお願いの目的が、自分はどうなってもいいですから他人または人類全体の安寧をよろしくというのなら素晴らしいのですが、まず九十九パーセントの人々が、自分にとって物質的・肉体的に満たされることばかりを臆面《おくめん》もなく頼むばかりです。

「お賽銭《さいせん》もほどほどに上げましたし、こんなに熱心にお祈りしているのですから、そこそこのご利益《りやく》をどうぞ私に与えて下さい」

格別の反省も疑問もなく、親のしていたことを見よう見まねで覚えたままこのように合掌するのは、今や常識化してしまっています。

が、精神病という並々ならぬ現象を教材として御佛《かみ》からいただいたのを契機に、今こそこうした間違っている慣習を厳しく考え直す時だと存じます。これは、核心に触れる重大なことなのです。

草も木も、鳥も犬も、そして人間も、みんなこの世に生きる同じ生きものです。草木は大自然の営みに何一つ逆らうことなく、風雨や冷熱にさらされながら生きていますし、動物たちもまた、その日一日を食べて行ければ不平一つ言わず誰も憎まずに生きています。

ところが人間は、同類の生物である他人よりも自分が少しでも恵まれるようにと、欲の心だけでひたすら御佛《かみ》に願いごとをするのです。ひとはどうでもいい、とにかく自分だけがよくさえあればそれでいい、どうかご利益を賜って自分を有頂天にさせて下さいと、その醜くて愚かな心を恥とも思わず、ただ、拝んだり祈ったりしています。たくさん拝めばそれだけ効き目があるかとあちこち回ってまで拝んでいます。

戦争の際に、戦勝を祈願するのも実は妙な行為です。民族の存亡がかかっているからという大きな視野を掲《かか》げられると、つい誤魔化されてしまいますが、戦争で自国が勝てば相手国は負けるのです。自分や自分の親族の生命は助かるかもしれませんが、相手の国ではたくさんの生命が失われてしまうのです。自分たちさえ幸せなら相対的にひどい目に遭う人々があってもかまわないという、まことに嘆かわしい心が全世界を覆って行きます。

政敵を祈り殺そうとする物語も、随分見たり聞いたりしましたが、こうした自分だけのための祈りというのは、どうも世界的規模で何百年も何千年も疑問ひとつ感じないで続けられて来たようですので、なかなかの難物です。

大きな戦禍を被《こうむ》り、多くの家族の生命を失って、日本は初めて平和国家となりました。それなのにです、自分さえよければの心が依然として居座ったままではありませんか。内外へのボランティア活動にも消極的で、ちっぽけな自分中心の世界の物質的な充足のみを懲《こ》りもせず続けているのですから情け無い限りです。草木や鳥獣ではなく人間としてこの世に生まれて来ただけでもどれほど感謝しなければならないことでしょう。が、こんな基本的なことも苦しみの体験からやっと学べるのです。その苦しみがちょっとでもあるのが厭で、すぐに一一〇番のように拝まれてしまう御佛《かみ》は「今助けてしまったらお前は何も学べないではないか」と困っておいでのはずです。

他人はみんな幸せなのに、自分だけが苦しいめにあっていると思うから、誰かが助けてくれてもいいはずだと甘えるのです。本当に苦しんでいる人は、自分よりもっと苦しんでいるのが実は死者たちであることがわかって来ます。

●原因は自分自身の生きざまにある

私自身、これまでの著書にいろいろ書きましたように、この浮き世では随分と愚かしい失敗を重ねてまいりましたが、今ふり返りますと、ありがたいほどの体験ばかりだったと思います。あのような惨めなひどい苦しみとは反対に、もし私が何をやっても順調で満足いっぱいに毎日を送っていたとしたら、とても感謝の喜びという幸福の基本さえ知ることもできなかったでしょう。

どうしてこんなことになるんだ、何故他人は私の役に立ってくれずマイナスになることばかりするんだ、どうして他人が得して私が損をすることになるんだと、いまだに不平不満の真っ暗な渦の中で暮らしているはずです。

そうはいうものの、そんな渦の中でもがいている時は、とてもその体験が人間の当然の修行だなどと考えられません。今、私の所へおいでになる方々は、あの苦しみの苛烈さに恐れをなして、助かりたいという一途な思いただ一つという状況なのでしょう。

今のこの苦しみはどうしたら消えてくれるのか。このままでは一家は破滅してしまう。わが家に果たして未来はあるのだろうか。ギリギリの気持です。

ですから私の話を聞くとすぐに、そうか浮かばれていない死者を供養すれば治るのか、よしわかった、そのように供養でも何でもしようと、理詰めで手順を聞き覚えて直ちに実行しようとなさいます。

しかし、お気持はわかりますが、供養というのは注射や手術のような物理的な手段や術とは全く拠《よ》って立つところが違います。

心の世界のことです。物質的思考とは次元の異なる思いの世界のことですので、何をどうすればどうなるという論理的な順序など二の次三の次です。

こんな説明をした上で、まず今を生きている自分自身の反省から始まると申しますと、

「そんな悠長なことは今していられません」

と、そそくさとお帰りになるか、または、

「そんなに大変なことをするんですか」

と、面倒臭そうな顔をして、それきりでご縁が切れてしまうことがよくあるのです。

頼めばすぐに親切に祟《たた》っている人を見つけてくれて、ついでに拝んでくれてどんな病気も一ぺんに治ってしまう。そして、そのために金を払う。

こんな風に考えておいでになった人に「今の悩みはあなたの生きざまの中に原因がある。そのことに反省をして、どう間違っているかを見出して自身で行動をとる。そのことで霊障の形となっていた死者は成佛するし、自身も、真の幸福とは何かを知ることができる」などという話はとても無理なのでしょう。

しかし、こんな答えをする私の方が今は珍しいのであって、結果はともかくすぐに祈禱などしてくれる所の方が圧倒的に数も多いし、そういう所へ頼みに行くこともまた常識のようになっているようです。

が、ここにも誰かに頼んで拝んでもらうという宗教的慣習の大きな過誤があります。

頼まれれば、よし拝んであげようとすぐに拝んでくれますし、また頼む側も、休日なら拝みに行けるが、それ以外は金儲けに忙しいから駄目だとか、代理に誰か行かせようとか、電話で

依頼できないのかとか、実に安直に考えているようです。

本当に家族を苦しい病いから解放したいのだったら、このような品物を注文して取り寄せるような姿勢で御佛《かみ》を取り扱い、御佛《かみ》に助けを乞うていいものかどうか反省すべきです。

人間はもっともっと奥深い高度な精神作用で生きている動物です。生きてこの世にある人間も、肉体を失って意識体だけの姿になって生きている人間も、一足す一は二というような理屈で計れるような空間に生きているだけの物質存在ではありません。

大宇宙の働きを、コンピューターですべて数式化できると思っている人があるとしたら「神秘」の前にたちまち立ち往生するでしょう。

大自然が生み出した人間の、特に意識体・魂の働きというものは、科学という名の理論の組み立てなどで解明できるはずがないのだと、少なくともその程度の謙虚さぐらいは常に持っていたいものです。

否定や拒否が進歩で、肯定が保守的だと一律にしかものを考えられない風潮が精神の奥底の働きを見失わせ、結果的に精神・神経系の病気の増大を招いているということに、今こそ真剣な眼差しを注いでいただきたいと思います。

ここ数頁の間、少し難しいことを述べ続けてしまっているようですが、しかし、ここのところをわきまえない限り、真の供養は不可能であって、そのことは精神病で苦しむ人々の未来への道を完全に閉じてしまうことになりますので、どうしても力説しないわけにはいかないのです。

2. 怠けるための慣習

●法事を三十三回忌で終わらせていいか

「死者のための法事は三十三回忌までやれば充分だ」

「五十回忌でおしまいにしても、死者は納得してくれる」

「嫁や母親の実家については、それぞれ実家の当主や跡取りが供養をしているのだから余計なことをしてはいけない。嫁いだ家の先祖に仕えていればそれでよい」

「養子に来た人は、実家に跡をとる兄弟があったからこそ養子に来ることができたのだから、生家のことはその兄弟に任せておけばよい」

「親より先に死んだ子は親不孝なんだからそれほど熱心に祀《まつ》る必要はない」

佛事に関する根拠のない言い伝えを、ちょっと挙げてみようと思っただけでも、まだまだいくらでも出て来てキリがないほどです。

とくかく今列挙したことのすべてが出鱈目なのです。もっと強く申し上げてもよいでしょう。全部嘘です。

私がこのように断言するのは、霊視や供養を通じて、その意識を示して来た死者たちが、これらの慣習の間違いをはっきり指摘してくれるからです。実に明快に教えてくれます。

ところが、或る霊能者の書いたものに、三十三回忌が終わったものはもう一切祀《まつ》らなくてもよいなどと書いてあるのを発見してもうびっくりしました。一体何を根拠にこんな無責任なことを言うのでしょう。死者からその通りだから三十三回忌でやめていいとは絶対に言って来るわけがありません。だったら何故やめていいと言うのか理由を知りたいものです。こんな間違った言葉を鵜呑みにして、もし本当に三十三回忌以後を省略してしまったとしたら、その家に精神病をはじめとするなんらかの霊障が始まる確率が高くなって来るわけです。もっともらしい気安めを言って人々を惑わし、不幸を作るだけではなく、迷える死者をも作り出す最悪の虚言と思います。

●死者にまつわる誤った言い伝え

Ａさんという女の死者を明日供養すると決めた途端に、それまで暴力をふるって近所にまで迷惑をかけるほどだった息子さんが、急に静かになって、長い間見ることのできなかったおだやかな表情に戻ったので、両親はホッとした挙句にこんな会話をかわしました。

「Ａさんというのは、早い話が本家の祖父さんの妹なんだから、本当いうと本家の跡継ぎが供養すべき人だと思うよ。何もうちで供養しなくてもいいんじゃないかな」

「でも跡継ぎの人はずっと寝たきりだし、もし本家でやる人がなかったらＡさんが嫁いで生んだＢ家の息子さんがすればいいと思うんだけど……」

「ではＢ家と相談してやってもらうようにすすめてみよう。従って明日予定している供養はＡさんをやめにして、別のＣさんでもやることにしよう」

夫婦でこんな話をし終わった途端です。せっかく平常に近い状態に回復していた息子さんが大声で叫び始めたのです。物は投げる襖《ふすま》はこわすの大変な暴れ方で、それこそ手がつけられません。

こんな時、明日の供養というご縁があるところから大抵私のところへ電話がかかってまいります。こうした現象はそれこそ日常的なくらいに多いので、私は敢えて冷静にお答えします。

「明日はご供養の予定になっていますが、明日はどなたを供養なさるおつもりだったのですか」

「はい、それがその……」

Aさんから C さんへと変更しようとした夫婦の間の会話についてのご説明があります。

「その変更が原因ですよ、息子さんが大暴れするのは……」

もうおわかりのように、息子さんは息子さんではないのです。彼の肉体を借りて訴えていた死者です。その死者がAさんであったならば暴れてしまって手がつけられなくなったのも当然という気がします。

「明日はいよいよ待ちに待った供養をしてもらえる。本当によかった。息子の身体を借りて親たちに気付いてもらおうとしたことが功を奏して遂に望みを果たすことができる」

と、鼻唄でもうたう気分で楽しみに明日を待っていたのに、急にCさんに変更となったので、Aさんは怒りが爆発してしまったのです。確信をもって申し上げられることは、この事例のように「家」という観念にしばられて来た昔の人を真似て、筋からいえばどうだなどと勝手な解釈を加えてしまうのは誤りだということです。この場合、本家の祖父の妹という人は、父の叔母でもあり、血縁的にも近い人であるのに、自分の父が新しく作った分家の中の人とは違うというだけで、もう他人扱いにしたいと思う心が働いていました。

この場合のご夫婦が悪いといってしまうと、ここで申し上げたいことが曲解されますので、あえて、このご夫婦に罪はないと言っておきましょう。それにしても、一体誰がいつどうしてこうした間違った考え方を正しいことのように、それこそまことしやかに教え伝えたのでしょう。こんな間違った言い伝えがまだまだ山ほどあります。

「先祖代々で一括してお経をあげてもらえば、それで、先祖のみんなが喜んで成佛する」

「忘れられている人を一々思い出したり調べたりして供養しない方がいい。そんなことをすると寝ている子を起こすことになってよくないのだ」

もっともらしくなればなるほど、見苦しい意図が見えかくれして来ます。要するに、面倒くさいといって供養などしたがらない人々を叱るどころか、宗教者の側が調子を合わせて迎合《げいごう》しようとした姿勢が読みとれます。

逆の立場で見てみれば、

「簡単なことでいいらしいよ。大変なことをするのでは時間も手間も金もかかっていやだと思っていたが、そんなことで済むならよかった。楽で助かる」

と、いうことなのでしょうが、楽で助かるどころか、こんな指示に喜んで手抜きばかりして来たために、子孫が精神病で今苦しんでいるのです。

本当にそうなのです。今、家族の中に精神病に苦しむ人間を抱えている家では、その家系の上部にあった人々が百パーセント死者を偲ぶという暮らしをしなかったか、こうした間違った教えに便乗していたかのどちらかです。要するに怠けることばかり考えていたからなのです。

●古い「家」の考えを捨てよ

佛事を怠けて何をしたというのでしょう。僅かばかりの名誉や金品をひとより多く手にしようとしただけです。その名誉や金品が一体どんな働きをしたでしょうか。余計に悪くなって行くことの原因を、また新しく作ってしまっただけです。

生きて行くことの意味や価値に目覚めたならば、肉体の悦楽だけに向かって流されて行くことの愚かさに気付いたでしょうに、日本の長い間の貧困の歴史を思うと、無念でもあり、また悲しくてなりません。

佛教も、権力者の庇護を離れて庶民の中に「村郷のお寺」として定着して行く過程で、経済的な裏付けとして人々を集めて引きとめる何かが必要だったのでしょう。教えを弘《ひろ》める中で、経済民度の低い村人たちでも、ちゃんと実行できることをと試行錯誤をしているうちに、次第に安易で楽な方法へと妥協して行ったものと考えられます。また村人の方も、経済上のことで簡略に済ませたい理由ばかりが目白押しであったろうと充分想像することができます。

昔は、ただでさえ狭い田畠ですので、今の民法のようにたくさんの子供たち全員で均等に分割して相続したら大変です。一人分はそれこそ猫のヒタイほどになってしまって絶対に食べて行けません。そこで長男一人が相続し、その相続によって生活を保証される代わりに親や先祖の墓守りなど佛事一切をやれということになり、長男以外の弟たちは早い話が「勝手にそれぞれ考えろ」ということになったわけです。

勝手にせよということになったし、土地に残っても食べて行けないので、嫁になって出て行く女子と同様に、次男以下の男は、養子に行くか、さもなければ町に出ました。

日本人は、真面目に働いたり、勉強したりする律義な民族性を持っていますので、町に出たほとんどの人が分家として「まあまあ」の暮らしになることができました。

そうなると、両親や先祖とまるで縁が無かったような顔で、我こそは自分で作った分家という新しい「家」の祖なりと考えてしまって、子孫にも自分の親や先祖のことを伝えません。

養子に行った人も、行った先の先祖だけを先祖と思うようにして、実家の親や先祖はもう他家のそれだという態度をとります。

しかし、現代の人間までがどうしてこんな昔の貧困な時代に作られた慣習を、後生大事に今もなお抱えこんでいるのかが問題です。

科学の分野だったらとうの昔に破棄されていて、今持ち出すとそれだけでも笑われてしまうでしょうに、何故頑固に守っているのでしょう、実に妙なことです。

寺も庶民もひっくるめて今、飽食時代といわれる時代の中にあります。食えなくなるから佛事を怠けてよいという社会的免除や弁解の必要は全くありません。こんな時代なのに昔のままの怠けの慣習をそのまま続けていていいわけがありません。

ましてや今、自分たちの代、父母の代、祖父母の世代、曽祖父母の世代のあたりで、間違った考えで暮らした結果として、子供や孫に苦しみを見せられてしまっているのだとしたら、平気で昔のままに、ただ言い伝えられたことだからと、それを口実にして怠けていていいものではありません。反省への触媒《しょくばい》として死者に使われて、今、精神病に苦しんでいる子や孫が可哀想ではありませんか。

「ちゃんとやっていますよ、私は……」

「何をですか？」

「おやじの墓参りですよ」

そんなことは人間として当たり前のことです。食事をしたり、トイレへ行ったりするのと同じくらいに当然すぎることであって、やっています――と口にするほどのことではありません。

懐かしい親の墓参りをしている程度のことで何かをちゃんとしている気になっているよりも、自分は何ひとつ死者に対して偲ぶという行為をしていなかったと後悔したり、反省したりする人の方がどれほどましかわかりません。

「祖父ですか。さあ、私が生まれた時にはもう死んでいましたからねえ。会ったこともないし、早い話が全然知らない人ですから、そういう人を供養しなきゃいけないなんてそんなこと言われても……」

自分がどうして生まれて来たのか、それこそ木の股から生まれたわけではないのに、顔を見たことがないからという理由で、自分とは関わりのない人と思っているこんな孫が本当にたくさんいるのです。見たことがなければ考慮の外に置いてもいいのだと平気でいる生きざまは絶対に人間として間違っています。それなのにです。この人の娘は今、精神病院に入れられてしまっています。その娘を治してくれと私のところへおいでになったのです。

祖父母にただの一度も手を合わせたことがなくて、ただ助けてくれという身勝手さには呆れるばかりです。ですが何の罪もない娘さんは可哀想に病院の中です。治してあげたいと思います。放っておいては気の毒です。しかし、父親が心から祖父や先祖に詫びて、死者の一人一人に思いやりの心を注げるようにならない限り、娘さんは治らないのです。

遠い道程が思われて嘆息が出るばかりです。が、こんな父親とご縁ができたのも、死者たちの望みを汲んだ御佛《かみ》のご配慮かもしれません。時間がかかってでも、この愚かしい父親の頭を切り換えさせなければならないのだと思います。

ところが、不幸にもこの人は今順境にあります。出世してお金も儲かっています。ということは、自分の今の生きざまを立派で正しいものと思いこんでいます。自分の好きなことが正義で、嫌いなものは正しくないとしか考えられないでいます。

大変な作業になりますが、私は病んでいる娘さんがもとの明るい元気な姿に戻ることを楽しみに、父親を少しずつ根気よく説いて行くつもりです。大変なことと予想されますが、しかし、これこそが私の御佛《かみ》から与えられた務めであり、私が今生かされている理由であるとも思えるからです。

3．正しいつもりの過ちも

●僧侶の家庭でも精神病は起こる

私の前著『死者は生きている』をご縁として、まことに有難いことですが、全国各地を回っての講演がこのところ続いています。特に嬉しいことは、宗派に全く関わりなく各地の佛教各派の本山の研修会などで、私ごとき者の話を熱心にお聴き下さることです。

地方の寺院で、若い僧や檀家の方々が集まって講演会を催して下さることも多いのですが、どちらでも私が属しております宗派と違うからというような狭量な拒否反応を全く見せずに、少しでも勉強になればと素直に耳を傾けて下さるのには本当に驚いております。

やはりそれぞれの方が、御佛《かみ》に従って歩んだ長い間の体験の中で、死者の霊魂が実在することをそれなりの形で確信しておいでだからと思います。

ところで、こうした講演の前の晩などには、よく泊めていただいてお世話になりながら、ご住職のご家族ともいろいろお話をすることとなります。そんなお話の中で、あちこちの寺々に実に多くの霊障が起きていることを知りまして本当にびっくりしました。

たとえば——後継の住職にするつもりで息子を東京の佛教関係の大学へやり、そこを出てからは本山で所定の修行も積ませたのだけれども、帰って来てからの様子がどうもおかしい。はじめは、今の若者なのだから僧侶であってもロックの音楽に凝ったりディスコに通ったりしてもやむを得ないと眺めていたのだが、どうもそんなこととは違うようである。

扇風機とかクーラーとか自然とは違う人工の風を異常なほどに嫌って避ける。逃げ回るうちにとうとう怒って扇風機を滅茶滅茶に破壊してしまう。そのうちにぶつぶつ誰かと話をするようになり、遂に部屋に閉じこもりきりになってしまう。そして、大丈夫かと心配になるほどたくさん食べたかと思うと、次はまるで箸を手にしなくなる。

どうもこれはと、親の目から見ても精神病と思わざるをえない症状を示し始めたけれども、寺という立場を考えるとあまり公けにはできないので入院もひかえている。

現住職は年令的にも体力的にも限界を感じているので、できることなら今すぐにでも息子に譲りたいと考えていたのに、これでは将来が真っ暗で最近は夜も眠れない——

こうしたご相談をしばしばいただいてしまいます。

申すまでもなく、お寺もプライベートな住居の中では一般と同じ家庭生活が営まれているわけで、母もあり、妻も子もあって、暮らしています。従って、血縁の死者からの訴えがさまざまな現象をひき起こしたとしても、実はなんの不思議もありません。

ところが、僧という仕事のためにこうした俗世的な生活に俗人と同じ過ぎるほどに埋没してはならないと考えてしまうのか、または、僧たるもの我が家を顧みる前に他への献身を考えるべきと自分を律してしまうのか、とにかく一般家庭以上にプライベート面の供養が欠落していることがよくわかりました。まさに紺屋の白袴といった状態の寺が驚くほど多かったのです。

坊主というのは年中死んだ人に思いを通わせて一生けんめいお経を読むから、それで亡霊たちが集まって来て悪さをするんだなどと、無責任にもっともらしい理屈をつける人がありますそんなことは絶対にありません。

お坊さんの家だろうが、神主さんの家だろうが、一般の俗人同様、親兄弟・祖父母・曽祖父母（もちろん母方・妻方を含めて）をはじめとする有縁の死者たちからの、やむにやまれぬ想いの波動がこの世に現象化すれば苦しみごとになるのは当然のことです。

●誤った供養では成佛できない

講演でお世話になった東海地方の或る名刹《めいさつ》でのことです。ご住職とのお話もはずみ、ご家族の皆さんにすすめられるままに一晩泊めていただくことになりました。こんな場合、必ずといってよいほど、その夜にはそのお寺、つまり住職の家庭に関わる死者たちが私の脳裡に霊視されることになってしまいますが、案の定明け方に少々入り組んだ暗いイメージの霊視がありました。

母親らしい女性が登場しましたが、何か家の中で気兼ねばかりしているようで、その気配りにつき合っていると神経が参ってしまうほどでしたし、一人の僧侶が何を怒っているのか暴れ回った挙句に首を吊ってみせるのです。間違いなく自分は自殺したのだと説明しているものでした。こういう霊視は翌朝になっても妙に情感が残って憂欝なものです。

このお寺は、昔から近郷近在の広い地域にたくさんの檀信徒を抱えていて、昔も今も大変に裕福と評判のお寺です。

ところが、お話を伺ってみますと確かに経済的には満ち足りているのですが、ご子息二人が揃って病弱な上に最近は妙な事故が続いて精神的にもかなり不安定な様子を見せるようになったということなのです。

「正直申しまして、この寺の行く末に、もう光明がまるで見えないといった思いです」

ご住職は自嘲的な言い方をなさって深い嘆息をつきました。よほどつらいお気持なのでしょう。

霊視のあった翌朝、私は住職からこの家の昔のことについていろいろ聞かせていただきましたが、どうも住職の二代前の祖父の代に昨夜の霊視の内容とぴったり符合するものがあるように思えました。

祖父、つまり先々代の住職は、貧しい家の生まれで、しかも両親がその貧しさの中で離婚、母親の連れ子としてこのお寺に来た人でした。お寺には亡くなった先妻の息子が二人すでに僧侶として生活していました。

後妻に入った母親は、きっと何かにつけ気兼ねをして暮らしたのでしょう。二人の息子というのも今の住職の二人の息子と何か妙に共通します。

さて、その時の和尚は、何故かこの血の繋がっていない後妻の連れ子が可愛くて溺愛しました。人の縁というのは本当に不思議なものです。

長ずるに従って充分な教育をほどこし、東京の大学にまで学ばせて、結局この連れ子、すなわち現住職の祖父をこの寺の後継者と定めました。そして、そう決めた直後に他界してしまったのです。

和尚のお眼鏡通り、次の住職（先々代）は大体が利発な人だった上に性格がおだやかなものですから、近隣や檀家の評判も上々で、お寺はますます順風に乗ってこの時期に随分と土地や建物の拡張も進んだようです。

さて、そこで問題は先妻の息子たちの方です。自分たちとは全く血の繋がらぬ後妻の子が父の跡を継いで住職になり、自分たちは父の死後はまるで居候のように小さくなって寺の仕事ばかりという情け無い格好になってしまったのですから、思えば気の毒なことです。

一人は結局生家であるこの寺を自らとび出し、そして他所で病死してしまいました。そしてもう一人ですが、こちらの人は気性も激しかったようで何かと新住職や義母と衝突していましたが、とうとう不満を最大限に表現するかのように、自分の生家であるこの寺の中で首を吊って自殺してしまったのでした。

母と共にこの寺に入った人が、形から言えば従来の家族すべてを追い出して占領してしまったようです。もちろんそんなことを企んでいたはずもない住職は、口さがない人々の噂ひとつにも神経を使って、それはそれはつらい思いをされたようです。

そして次の代、更に今のご住職と時が流れましたが、どなたもこの過去の事情をわが家の暗い陰の歴史として決して忘れ去ることなく回向し続けて来たということでした。

「それなのに、やはり成佛していただけてなかったのですかねえ」

私の霊視の内容を聞いて、言外にやりきれない思いを匂わせながら深く嘆息をつくご住職の表情は本当に重苦しいものでした。

それは、口悔しがって中っ腹で自殺したり客死してしまったりした祖父の義兄弟がいまだに怨んでいて、三代にわたる回向でも納得してもらえていないのかという嘆きなのでしょう。

私は、そこに大きな過ちがありますと遠慮を抜きにしてはっきり申し上げました。

もちろん不遇をかこちつつ横死した人々の供養は大切ですが、今、先々代の祖父が浮かばれぬ死者として後悔と反省に苦しむが故に訴えて来ているものは、そんなことではないはずです。先代、そして今の住職が続けて来た回向というのは、不遇の中に死んだ先々代の義兄たちの魂魄がいまだにこの自分たちの寺に対して恨みを持ち続けていたら大変だと、その魂をなだめることで祟《たた》りを防ごうとしてのものであったはずです。

この心の裏面を透視してみれば、他所からひょいと入った祖父に繁昌する寺を譲って下さった和尚さんへの物質的感謝でしかありません。和尚さんのおかげで、祖父、その子、そして孫の自分と、経済的に何不自由なく過ごして来られたこのしあわせは何としても続けて行きたい。どうか自分たちの家族を守って、害など来ないようにお願いしますと拝み続けて来たに違いありません。

現住職のこの姿勢は間違っています。

きびしい言い方になってしまったことをお許しいただきたいのですが、住職一家が本来最も心を通わさなければいけなかった人たちを、まるで頭に浮かべもしなかったところに間違いがあったのです。

この場合、先々代がいまだに苦しんで孫の二人にその想いを示している真の後悔とは、実は、自分を産み育ててくれた実の両親を忘却していたことへの罪の意識だったのです。それ以外の何ものでもありません。

貧しさの中で、着せて食べさせてひたすら愛情を注いで育ててくれた実の両親、特に父親に対し、寺へ入ってからは息子として遂に何一つ思いやることもなく一生を送ってしまったことへの激しいばかりの反省です。

和尚さんには大学へも進学させてもらったし、義兄たちをさしおいて大きなお寺をそっくり譲ってもらったとして、肉体世界での物質的な大恩にばかり感謝して生きて来てしまった自分を恥じているのです。

もう我が肉体は消滅してしまっていて何一つ行動によって果たすことはできない。どうか、わが子よわが孫よ。私に代わって、私が今できる遅まきの孝養として私の両親を供養してもらいたい――

先々代が切々と訴えかけて来ているのはこのことです。

僧とは佛教的諸作法を継承し実施することにとどまらず、祖先を偲び祖先とともに生きる心を教えひろめる役目にあります。それだけに、家族の安泰を願うばかりで祖霊を放置してしまっていた心は、御佛《かみ》によってきびしく問われるのかもしれません。

このお寺の現住職は、実に素直な姿勢で私の申すことを聞き入れ、それこそ生まれて初めて、先々代、つまり祖父の生みの両親の供養をなさいました。

私は先々代に、もう安心して成佛なさるよう一心に語りかけてお願いしました。

二人の息子さんたちは、その後、妙な不安感も自分でわかるほどに消えて行ったそうで、最近のご住職のお便りには、一日一日と家の中に光がさしこんで来るような思いですとありました。

このご住職の今の「喜び」こそ、そのまま先々代の魂の、安らぎであり、喜びであるのです。

●死者の想いは我々の想像をはるかに超えている

それにしても、全国の寺院を回ってみて、同じようなことが一般の家庭以上に多いことを知り本当にびっくりしました。僧侶であることが、人間であるという僧侶以前のものを直視させない慣習を作ってしまっているのでしょうか。

死者も人間である以上、死者を思い死者を供養するのも人間でなければ通い合って行きません。僧侶が普通の俗人と全く違った生活をして深山に隠棲《いんせい》しているならともかく、現代のような在り方ならば、まず人間としてのそれこそ法にのっとった生きざまが霊界から要求されても不思議はないと思います。

それはともかくとして、お坊さんの家庭でもこういうことがあるように、迷ったまま放置されている死者の暗い悲痛な波動は、この世で勝手に想像してみる度合いをはるかに超えたもののようで、それだけに死者たちが我々に現象として示して来るものは生半可なものではありません。

神佛をよく拝んで敬神崇祖の心を持っているから大丈夫だろうなどと解釈をするのは自由ですが、どうも観念的な大ざっぱなものでは死者は納得してくれないようなのです。もちろん簡単な作法や呪文のようなものでも済ませてくれません。

これまでの時代の中で作り上げられた宗教的な観念や習俗の以前に、大自然の中の人間としての必要最小限の節度みたいなものをあらためて見つめなおすことの方がどうも大切なようです。

第六章

精神病は必ず治る

1. 針路に向かって

●霊視や供養を行なう前に

さて、ここまでの各章で、精神病と呼ばれているもののメカニズムのようなものと、それに対処するための、生きざまをベースとした心の持ちようについて概略を把握していただけたと思います。

越えて行かなければならない山坂はたくさんあって、しかも険しいけれど、精神病は死者の意識の憑依の膠着化に過ぎません。必ず解決します。終ります。治ります。

では、具体的に、何をどう努力すればよいのか。そのことに話を進めて行くことにいたしましょう。

既に、霊視や供養については本書の中にも私のこれまでの著書の中にも詳細に説明してありますが、ここではそれらと取組む心構えについてのお話から入りたいと思います。

私は皆さんのお役に立つならば、たとえ我が身の一部を御佛《かみ》に捧げるようなことになっても悔いはないと、過去の或る時期から心に定めていますが、確かに私にはどういう御佛《かみ》のお力によるものかわかりませんが、ひと様のお役に立つような不思議なものをいただけております。

私の意識の間隙《かんげき》に、死者が生前の姿と今の意識をはっきり映し出して来る霊視と、独得な供養ではありますが、それで死者が間違いなく成佛していただけるという二点です。この不思議な力をフルに使って私はできる限りの数の死者を苦しい想いから解放してさし上げなければ、御《か》佛《み》からのお役目を怠けることになってしまうと、私なりに精一杯頑張っております。

が、霊視も供養も、ただご依頼者に代わって私が実施すればそれでいいというものではなく、これらを行なう主体はあくまでもそのご一家の方々でなければなりません。ですから、このたった二つの事柄について正しいご理解を、まずしておいていただきたく存じます。

まず霊視です。これは供養をする前提として行なうもので、これだけを独立して行なうことはありません。霊視は死者たちが彼らの世界から発信できるギリギリの情報ですので、その限られた情報量からでは死者が誰なのか特定するのはなかなか困難です。

直感的に即座に誰々さんだと思い当たることもよくありますが、原則的には霊視の中の映像を軸にして、あらゆる思い出話・記録・公的文書などを併用しながら辿って行くことになります。そうした作業は義務ではありませんが、どうしても死者が誰なのかを知らなくてはならない以上省略不可能なことなのです。しかもこの調査は皆さんがなさるべきことであって、私は方法について助言程度しかできません。

「そうか、霊視というのは誰某と死者の方から名前を名乗ってくれないのか。それでは遠い昔の人なのだから私が調べたところでわかるはずがない」

そう言う人もあります。が、その人はそれでもいいのです。と申しますのは、本当の理解をして驚くような解決を見るにはまだ不充分な未熟な段階にあるので、もっともっと苦しみが必要だからなのです。この人もいずれは霊視の不思議に気付くことになりますが、まだ時期尚早だということで仕方がありません。いずれ私とのご縁もつながります。

霊視は、受信する側のアンテナの方に、何としても死者の意識をキャッチしようという決意みたいなものがあると、内容が鮮明で、しかも情報量も多くなるようです。ですから、疑いの心の一片も無く、清冽《せいれつ》なほどの愛情に満ちた心で待ちうけていただきたいと思います。視《み》て、それをお伝えする役の私が、お伝えしても無駄なのではないかと心配するようでは困ります。と申しますほどに、この心をしっかりと醸成し、維持し続けることは難しいのです。理屈で理論を組み立てることなら誰方も慣れているので簡単なのですが、白紙のような心を作るにはそれなりの時間もかかります。が、家族の精神病と四つに組んで苦しみ抜いて、しかも、それがもうギリギリの極限に来ている人は必ずおっしゃいます。

「いえ、どんなに大変な道でも、きっとやって行きます。私は今生きているのですから」

これが、家族への本当の愛というものでしょうし、こうした愛は死者に対してもちゃんと発現されますので、完治に至る一本の道はしっかりと確保されます。

家族への愛が無い人があるだろうかと思われるでしょうが、実際にはおいでです。

「とんでもない病気になってくれたものだ。おかげで商売にも悪影響ばかりだし、家の中も滅茶苦茶だ。迷惑でかなわぬ」

と、遮二無二入院させてホッとする人はまだいい方で、精神を冒された人を虐待する人さえあります。

こんなひどい例はともかくとして、病者同伴で初めて来訪された人が、病者が脈絡のない返事をしたりしますとすぐに、

「こんな調子で、ホントにこいつは仕様がない奴です。先生、こいつの言うことなんか、どうか本気で聞かないで下さい。本当に困っちゃうんですよ」

などと、病者をけなして体裁をとりつくろう人がおいでです。

こういう人に、死者があなたに気がついてもらいたくて、それでこの現象を作っているのですよ、原因はあなたにあるのですよと、いくら説明しても、とても理解していただけません。せっかく私のところまでおいでになるというご縁まで御佛《かみ》に作っていただきながら、そこから先の針路に一歩も踏み出して行けないのです。これでは死者も病者も可哀想で、もどかしいどころか涙さえ出て来ます。

●生かされているという学びが成佛への道

霊視の場合にも、よくこんな人がいます。

「そうか、そんな遠縁の人が祟《たた》っていたのか。それじゃ気がつかなかったのも無理はないよ」

と、霊視がどういうものであるのか全くわからず、しかも、わかろうともしません。

霊視の中に登場して来た死者たちは、たとえ時を遠く隔てていても、生きている今の意識のまま私の意識の中に「降霊」して来たものです。

そういう霊視を、死者を見つけてくれる便利なあの世の覗き穴とか、よく当たる占いとか、その程度にしか理解できない人たちがいますが、こういう人たちは霊視で死者の特定がなされても、もうそれで終わりで先の供養へと進んで行きません。

はじめから供養など念頭に無く、八王子に不思議に祟っている人を見つけてくれる所があるから行ってみたら——などと無責任なすすめをうけて訪ねて来ただけのことなのです。ところが、私は、困っているお話を聞くと、その人のお役に立つのが私の役目と思って霊視をしてしまいます。

私はそれでもいいのですが、私の霊視を利用して来た死者たちは、いよいよ縁者による供養が開始されそうだと期待して待つことになりますので、「そうか、そういう人がいて我々を病気にしてたのか、そうだったのか」と、勝手な納得をしてそれっきりでは、俗な言い方ですが、死者が黙っていません。

現実に、霊視をしただけで供養へと進まなかった人は、以後、消息が聞こえて来ませんので、どんな風になったか一切不明ですが、私には何か結果が見えるようで心配でなりません。

第三章でも述べましたように、霊界から眺めれば、この世に生きていることと、死んでいることの違いは、単に今現在、魂が肉体を持っている形で生きているか、または、肉体を持たない形で生きているかの違いでしかありません。

ですから期待した供養へと進んでくれなければ、肉体を持たせておいても全く意味がない、我々死者と同様に魂だけの姿になって、反省に苦しむ側に入ったらどうか——と死者が思ったとしても不自然ではありません。

期待を無視され、はぐらかされた死者たちが人間そのままの意識・感情で「怒」っておそろしいほどの仕打ちをして来ても無理のないことですから、静かにしかも瞬間的に死が訪れてしまうこともあるでしょう。

恐怖心をかき立てるのが目的でこんなことを申しているのではなく、実際に、こうとしか思えないような事例を私は身近かにいくつも見せられているからなのです。

しかし、しかしなのです。本来の「死」とは、こんな受動的に生命を奪われてしまうものではないはずです。

肉体を持たされた短い期間である人間の一生は、魂の修行のためのものです。

苦しんでこそ魂が磨かれ、磨かれるために人間として生まれました。

よく、人事を尽くして天命を待つ——といいますが、なすべき精一杯の努力をなし終えた時に初めて道がひらけて、この世での心の安らぎという幸福を味うこともあるでしょうが、また、苦しみの修行を終えて磨かれた安らぎの魂の在るべき所へ静かに導かれることも、永遠に生きる魂としては、こっちの方が幸福なのかもしれません。

今しばらく肉体を持った形であった方がいいのか、苦しみの修行を卒業して肉体を終えた方がいいのか、私たち人間にはとても判断できることではありません。すべて、天すなわち御佛《かみ》の最も確かなご配慮に委ねるのが正しいし、それしか方法はありません。

この世に生かされているということは、まだまだ学ばなければならないこと、しなければならないことがたくさんあるということです。

それらをすべて果たし終えた時、または、もはや果たすことができなくなった時、肉体だけを捨てて、意識体・魂は生きたまま肉体の不要な世界へと移動させられます。

死とはそういうもののようです。

ここのところに死生観の土台を置くならば、今自分が生きているということが一体どういうことなのか、その核心を掴むことができるのではないでしょうか。

生きているのではなく、生かされていることを知ったら、生きている間をどう暮らすべきなのか、一生の間で大切なものは何なのか、それらがあらためて具体的に見えて来るはずです。

精神病を治したい、治そうということで出発する長い魂の修行の道のりの中で、この一番大きなものを手にすることとなるのは間違いありません。

精神病という重大な苦難がもし無かったら、あなたは生かされていたにもかかわらず何一つ大切なものを学ばずに、また一人の愚かな死者になってしまうだけでした。

生死を魂で学ぶことと、精神病を治すこととは全く同じ根の上のものであるという、ここのところを迷うことなく信じて下さい。

●死者判明への苦しく長い道程を覚悟せよ

さて、霊視のことを「私はお前の何々に当たる誰某である」などとまるでSFか怪奇ドラマのように死者が出現して名乗るものと期待なさる人もありますが、死者はいくら訊ねても名乗って下さいません。名乗れないほどに自分の生前のいたらぬ暮らしぶりを省みて恥じていますので、まるでタブーになっているかのように絶対に名乗りません。

名乗らないばかりか、実に遠慮深げな表現をして来ますので、まるで判じ物のようにわかり難い時もあります。しかし、世の中なんでも自分に親切に運ぶものではないと教えて下さっているような気もしないではありません。

反対にすぐわかる時というのはこんな調子です。

「その話なら確か祖母から幼い頃に聞いたことがある」

「その風景は間違いなく母の実家の方です」

「その仕事をしていたのは祖父の弟と聞いたことがある」

このように記憶がすぐに呼びおこされるものであったり、古い写真の中に写っている人物の中に霊視で姿を見せた人がいるのを私が発見したり、時には苗字や名前を呼ぶ声を霊視の中で私が聞いたり、数多くの傍証によって人物が特定されて行くのです。

わかり難いという場合は、何ひとつ記憶の中に無くて、霊視の中の細かい風景や場所の位置関係、人物像やその職業に思い当たるものがすぐに頭に浮かばないという場合です。早くに亡くなってしまった人ばかりで、全く記憶にインプットされていないとか、親からも何一つ聞かされていないというように、先祖に関心を持とうともしない家に育ってしまったとか、そんなことが原因なのですが、こうした場合はその場ですぐに解明することなどとても不可能ですので、時間をかけて調査していただくことになります。

が、先祖の墓もお寺も不明で、昔のことに詳しい年寄りが一人も生存せず、また、古い戸籍も戦災で焼失しているとなると、なかなか調査もスムーズに進みません。

「とても無理だ。見たことも聞いたこともない人物が出て来て、自分のことを思い出せと言ったって、わかるはずがないじゃないか」

わからないのは、出て来た先方が悪い。わかるように出て来てくれて当然ではないか。こんな心だからこそ出て来ないのだといえばそれまでですが、とにかく一体どんな場合にわかりやすかったり、また反対にわかりにくい霊視になったりするのか、私自身明快に分析して見せることは不可能です。

わからないために調査に苦労することから考えて、死者が敢えてその苦労を人間に課すのではなかろうかとかいろいろ意味を探ろうとしましたが、いまだに結論は出ていません。はるか上の世代からの長い間の心の欠如を、今の代になってから埋め戻すのですから、簡単にわからせていただけなくても当然なのかもしれません。しかし——一生けんめい調べていると実に意外な助け舟が出て、それが大ヒントとなって急転直下判明ということがよくあります。

たとえば、普段全くおつき合いのなかった親戚を訪ねて、霊視に出て来た人の心当たりについて質問したところ、

「実は昨日うちの墓の前を通ったら花立てが倒れていたので、それを起こしながらひょいと墓

石の横に刻んである戒名や命日に目をやったら妙に気になってね。いつもはあまり気にもとめなかったそれを、昨日は全部この紙に書き写して来たんだよ」

その中の一人の死者の職業や境遇が、霊視の中のそれと実に正確に合致したために、一ぺんに氏名・命日・享年までが判明した――

弾んだ声でこうした報告を受けるたびに、そこまで人間をリードしてでも気付いてもらおうとする死者の想いのひたむきさに胸がじんと来てなりません。更に、子孫たちの優しい心での調査行動の逐一が、御佛《かみ》にも、死者たちにも、丸々お見通しであるのがよくわかって一層身がひきしまるのです。

●死者はあなたの船出を待ち望んでいる

また、霊視は一回だけでなく、再度も、再々度も重ねることがあります。するとまるで御佛《かみ》が「そうか、あの手掛かりでは行き止まりであったか。それならば今度はこのルートから調べ直すがよい」とおっしゃっているように、前回とは別アングルの景色や人物を示して下さるのです。

ちょっと調べてみただけですぐにあきらめる人もありますが、これでは初めから何もしなかったのと同じことです。途中でやめるくらいなら霊視は絶対にしないで下さい。

絶好の機会と喜んで私の脳裡に姿を映して自己表現して来た死者たちに、なんと言い訳してあやまるつもりですか。期待した死者たちの口悔しい思いを考えてみて下さい。

霊視の後は、それで特定できた死者たちの供養へといよいよ進みますが、その道のりも尋常ではありません。が、大変だからとやめてしまうなら、霊視同様に初めからこの供養という大海には漕ぎ出さないことです。

もし、精神病の症状に苦しむ家族のことを心から愛し、愛しているが故に地獄の日々を送っているのならば、何が何でも船出しなくてはなりません。そして、ひとたび船出したら針路を目指して休みなくとことん進むしかありません。供養をやってやって、或る日ふと振り返ったなら、そこに夢のような嬉しい結果を必ずや目にすることができるのです。

私の話を聞いて、よし、息子のために頑張ってこの道を進もうと、両親が無言のまま心に誓いますと、なんとその瞬間からもう息子さんに変化が現われます。

両親はこれからの道に確信が持てて一層の励みとなりますが、こうした現象は、もう不思議を通りこしておそろしいといってよいほどの死者たちの作動ではありませんか。

最初の供養を終えて帰宅した両親を、病者がまるで別人のような爽やかな顔で、

「お帰りなさい、ご苦労さま」

と、いそいそ出迎えたというようなことはしばしばです。

死者たちが喜んでいる姿が見えて来るようで、こんな体験をした両親はもう理屈など一切をかなぐり捨てて、一生けんめい死者たち一人一人に自分たちの思いを優しく重ね合わせるようになって行くのです。

2. 簡単ではない道のり

●想いの強い死者ほど早めに霊視に出る

私は、現在一日に一軒のご家族の霊視しかしておりませんが、そのたった一晩の間に私の魂に死者たちの魂が感応して、生前の姿を見せて来られる方々は少なくとも四、五人はいらっしゃいます。

私が死者の誰方《どなた》かになって、道を歩いたり、或る家を訪ねたり、また、人に会って話をしたりします。その「私」という人物がメインというか一番思いの強い中心人物のような気がしますが、生きていた時のような五感のほかに、ためらったり、恥かしいと思ったり、不愉快であったり、感情まで実に鮮かに体感できます。

その「私」が見たり話したりする相手の人物や近くで遊んでいる子供など、情景の中に登場して来た人物は、すべて私の霊視という唯一絶好の機会を待っていた有縁の死者たちなのです。

そして不思議なことに、一回の霊視に出て来る複数の死者たちは一つの家系のライン上に関わる人であって、別のライン上の死者たちと混り合って姿を見せるということはありません。つまり、祖母の実家側の人々ばかりが出て来た日には、祖父の生家側の人は一人も出ていないといったようにです。

もっとわかり易くいえば、夫の方のご先祖が集中的に姿を見せた日は、一人も妻の方のご先

祖は出て来ないということです。

　従って、お約束の霊視の日の翌日その内容を私からお話する時には、どうしてもご夫妻に揃っておいでいただかないと困ります。

　霊視の内容を聞くうちに、

「あ、それは私の祖父だと思います」

と、夫妻のどちらかが大抵声をおあげになるので、はじめてわかることになります。それまではどちら側の家系の死者が私の霊視を使ったのかは、私には皆目見当がつきません。

　あの世のことをまるで見て来たかのように実に克明に説明してみせる人がありますが、私には生前の或る時の姿をまるでその場にあるが如く見せて下さるだけですので、見えたそのままをお伝えするようにしています。尾鰭《おひれ》をつけて話せば面白いし、理解も早くなるかもしれませんが、しかし死者の訴える内容を間違って伝えてしまうおそれもあります。ただそのままというのが私の役目としては最も正しい姿勢と考えております。

　さて、霊視に姿を見せた複数の死者を一人ずつ日を別にして供養して行きますので、かりに四人の死者であったなら四回の供養となるわけです。

　最初の一人の死者の供養を終えた途端に、病状にドラマチックな変化が生じてびっくりすることもありますし、四、五人で完全に霊障が消滅してしまうということもあります。が、しかし、供養を開始した人たちを元気づけるかのように多少の軽減は見せてくれても、通常の精神障害の場合、四人や五人の供養ではほとんど解決してくれません。つまり、精神病の形の霊障を受ける家系では、過去の長い間、それほどに死者への追慕が欠如しているということができるのです。

そこで更に再び霊視をします。

すると今度は夫婦のもう一方の、前回は待たされることになった側の家系の方々が現れる確率が大きいということになりますが、そうしたこの世の理屈や見当とは必ずしも一致しませんで、またまた前回の家系の続きが霊視されるということもあります。

あの世には厳然たる順番・秩序があるらしく、しかも想いの強い死者ほど早目に出て来ます。

降霊術なるもので「誰某さん、どうぞ姿をお見せ下さい」とお願いすると、言われた通りにすぐその誰某さんが出て来て、霊媒にのりうつるというのがありますが、そんなものなのでしょうか、私には信じられません。第一、お願いして姿を見せていただいて、そしてそこで何をしようというのですか。人々を驚かせて得意になるため以外に何かあるのでしょうか。

死者からの意識を受信するということは、手品が当たるかどうか試してみるのとは全く違い、恐ろしいばかりに厳粛な行事です。気軽に見世物のようにやっていいものか疑問に思えてなりません。

霊視はこちら側から「お願い」して見せていただくものとは違います。

あちら側から降霊して来て私たちに伝えようとする死者の意識が具現したものです。

日常生活の中で瞬時も思い出さず、考えも偲びもせず勝手に切り捨ててしまっていた死者たち、実は自分たち家族にとってこの上なく大切な人々であった有縁の死者たち、そうした死者たちが思い出してもらうための「手掛かり」を強い意識のエネルギーで示して来るのが霊視です。しっかりと受け止めてあげなければいけません。

「わからない」「見当がつかない」と、調べることが面倒なばかりにあっさり言い切って甘えている人がありますが、この態度は死者に対し無情なばかりか、無礼というべきです。

さて、こうして浮かばれていない死者たちは、供養によって皆無となるまで霊視をするたびに何人かずつ順々に出て来ます。何人おいでなのか、やってみなければわかりません。ほんの少々でしょうと言えば、ホッとして、たくさんおいでですと言えば尻込みするのが人間の心というものでしょうが、それに迎合して供養がさも簡単なように「なに二、三霊で終わるでしょう」などと言っては、間違った慣習を私が新しくまた作り出してしまうことになります。

霊視に何人の死者が現れるのか、何人で終わるのか、これは全くわからないというのが本当です。

●供養を望んでいるのは、霊視に出た本人でないことも

霊視に登場して来た死者こそが、今、意識の波動を最も強く送って来ている人たちなのですから、一人ずつ強い順に供養して行くことになりますが、この供養こそが死者の望むところのものであることは言うまでもありません。

親を放り出したまま顧みることなく、ましてや親の供養一つせずに死んだ息子があれば、その男は次の代に言って来ます。

「私に代わって、私の親の供養を頼む」

そこで次の代の人が、祖父の供養をします。訴えて来た当人の供養ではなくて、当人が気にして頼んで来た親（祖父）の供養をします。すると本当にホッとするらしく、当人は安心して成佛して行きます。

成佛は、死者にとって、思い悩む意識からの解放です。そしてそのことは、これまで必要としていたこの世の人間の肉体の解放にも通じます。何を悔んで何に苦しんでいるのか、わがこ

とのように死者の心を思いやる――供養の原点はそこにあります。

●一人一人に死を自覚させていく

次に「一人ずつ」ということについて。

死者からの「一人ずつ供養してくれ」という直接の言葉を霊視の中で受けて以来、私はその通りに供養は一人ずつを厳守しております。決して何人もの死者をまとめて供養することはしていません。

この世でだって十把一からげの扱いをされると腹が立つのに、死人に口なし、文句が出るはずもないのだからと一括して済ませて来たその心に問題がありました。

精神病の発生事例が、先祖代々で充分なのだと代々済ませて来た家系に多いのも事実ですし、一人一人の供養をすることで解決するというのも事実ですので、それを踏まえて今このように強く申し上げております。

さて、私の所で行なう供養について概略をご説明しておきます。

当然ながら一人の死者のために日時を定め、縁者の皆さんに飲食《おんじき》といって死者に供える食べ物を用意の上集まっていただきます。

死者への優しい思いやりの心に満ち満ちて、もし放置したままの死者だったなら一心に詫びます。人間同士の言葉遣いでかまいません。

「放っておいて本当にごめんなさい。さぞ淋しかったでしょうね」

心からそうした言葉をかけてあげて下さい。法要の中でも私の独得な死者への語りかけが中心となっています。

これこれの原因で、いつ、どこで、あなたは死んだのですよと、私はまず死の自覚をうながすように話し始めます。

肉体はもうその時に消滅して荼毘《だび》に付され、既に地上に生きる人間ではなくなっています。それなのに、あなたは変わらずにまだ自分が生きていると思っています。

それは、死んでしまったら何もかも無くなって終わりになると思いこんでいたために、今、あなたの意識体が生きているので納得できずにいます。

あなたは既に肉体を終えてしまって、今はもう魂の世界に生きているのですから、死んだ時の原因や肉体があった時の想いから離れなければなりません。

こうしたことを私なりに一心に語りかけるのですが、この説得によって死者はよく納得されて本来帰って行くべき所へと、直ちに帰って行かれます。成佛なさるのです。

これは形ではありません。技術でも方法でもありません。言葉で語りかけることやその内容は確かに大切なこととは思いますが、この通りにすれば成佛するという「作法」とは基盤を異にするものと思っています。

霊視と同様に、私の意識が働いて、この言葉の内容を死者に伝えるもののようで、言い換えれば魂の作用とでも申しましょうか、古来から伝承されている引導作法も、そもそもの初まりの時は形ではなくやはりこうした意識と意識の交感だったのではないでしょうか。

成佛された――つまりこの世から一気に去って行かれたことは、その場でもよくわかりますが、この死者は、それ以後何度霊視をしましても、二度と姿を見せることはありません。

家族の方々が死者の成佛を知るのは、病者の病状の明らかな軽減もしくは消滅という信じられないような現象によってです。

●「治す」ことを目的とした供養では治らない

もう一度、憑依と精神病の関係を思い起こして下さい。

たしかに供養をするたびごとに、死者は一人ずつ成佛して行って憑依を解きます。すると私たち人間は、精神病の特効薬のように供養を考えがちですが、こうすればこうなるという物理や化学の定理公式みたいなものとは全く別の世界のことです。

まず「供養ありき」なのです。

供養によって何かがどうなるというのは、供養をした人の魂の状態によってのことで、事前に予測も計画もできません。

どうもこの世の人間は理屈を頼りにばかりしていて、何でもハウツウ方式で解決して来たために、理屈の外の心の世界のことまでその方式で思考しています。霊視でわかったあの人を供養すれば、その分だけ治って行くのか、よし供養だ。どうだろう、供養をしたからその通りになったかな——では、何故か結果を見せていただけないと知って下さい。

供養は治すことを目的にしてはその意味を失います。治るのは供養の結果です。

難しいことですが、病者のことを一時脇に置いて、ただ一心に次々と死者たちの供養を続けるのです。そしてある日、ふと病者を振り返ってみると治っている——そうしたものなのです。

簡単なことではなさそうだと不安になられた人もあるかと思います。

しかし、もう一度申します。確かに簡単な道のりではありませんが、供養を一つでも二つでも始めると次第に死者たちの心がよくわかって来ます。わかって来ると供養そのものの意味もよくわかって来ます。そして、供養が少しも苦にならず、むしろ、供養できるわが身のしあわせで一杯になって来ます。

供養をして行くことで、供養の心というものが体得できるからなのです。こんな心境に到達できた時、息子の、娘の、夫の、妻の病状をふと振り返って見て下さい。長い間苦しんでいた精神病が嘘のように完治して、何年か前の明るい利発な声で笑ってくれるのです。

その日に到達するためには、あなたの家では百回の供養が必要だと、もし御佛《かみ》に告げられたとして、そんなに大変ならとても駄目だとあきらめることができるでしょうか。できるできないで、やったりやめたりするのが供養なのでしょうか。たとえ何百あろうとも浮かばれていないかけがえのないご縁の人々をすべて成佛させることを、精神病治癒の願いよりも優先先行させるのです。

しかし、たくさんの人を供養するには時間がかかる。わが家の現状はすでに極限に来ているのだから、そんな悠長なことをしているわけにいかない、せっかくだがとても——と、急に解決の手掛かりが遠くへ去って行ったように思う人もあるかもしれません。

それも、肉体世界、物質世界における物理的思考の範囲の中にまだ低迷している証拠といえます。真の供養の心があなたの中に醸成されれば、その心は直ちに死者に感応します。通じて行くのです。

必ず供養してもらえる——という死者たちの確信が、どれほど死者たちの魂をなごませるか、それは想像を超えるもののようです。これまで子孫に切ないまでの思いを送り続けて来たけれど、ようやくわかってもらえたらしい。あの分なら間違いなく順番でいつかはきっと供養してもらえるだろう。そうした死者の安らぎの意識はすなわち憑依の終了です。

供養によって、自分の心が一段一段と死者を思う愛に溢れて来ると、そうした心と連動するように病者の病状が一段また一段と明るい方向に変化して行くことも、体験としてはっきり自覚させてもらえます。

こうした嬉しい体験は、一生けんめいな家族に対し御佛《かみ》が「供養するということの道を迷わず進めばよい」と、元気づけるように励まして下さっているとさえ思えます。

いろいろお話するより実際に体験してわかっていただきたいのです。

終わりは必ず来ます。そしてまた、終わるまでは絶対に終わらないのも確かです。

このように、きびしい感じで断言している私にしたところで、数年前までは、まだまだ終わりそうもない状態、つまり、なかなか治って行く気配が見られない状態が続きますと随分迷ったものです。

何かほかに手だては無いものか。御佛《かみ》は今一体何をお考えなのだろうか。

少しも快方に向かわない気の毒な病者の姿を思い浮かべては、何故か流れ出て来てしまう涙に困りながら一心に祈り願ったことも随分ありました。

が、そんな気持で、ただ御佛《かみ》にすがるように祈っていた自分の愚かさにもやがて気がつきました。御佛《かみ》に頼ってどうするんだ。頼って願ってそれで救って下さるような、そんな都合のいいことを期待するのは間違いだ。この世に執着して迷っている死者たちを、一人一人探し出し、少しでも早く帰るべき所へ帰してあげることこそが私の使命なのだとようやく気付いたのです。

御佛《かみ》はそれを待っておいでだったのです。そう思いなおしてからは、以来、供養ただ一筋に道を定めて今日に至っています。

供養とは、ただ供養して迷える死者を成佛させることだけにとどまりません。御佛《かみ》の教えを受けるための入口でもありました。

●あわてず、休まず続けること

霊視から供養へと、手順のようなものをご説明しましたが、その手順の通りに、ただ一生けんめい義務を果たすように片づけて行っても駄目なのだと聞いて、少々自信を無くされた人もあるかもしれませんが、死者に通じる心さえ作り上げることができればいいのですから、ひょっとすると一瞬のうちに悟りを開くように、みごとな供養ができるようになれるかもしれません。

一生かけてやっとそうなればよい――と、あわてずに、そして休まずに続けることが結局は早道のようにも思えます。

本当に我が子の精神病が治ってくれるのだろうか。信じろと言われても疑いの心は起きて来るものです。迷いに迷います。それも体験です。御佛《かみ》の遠大な教えです。

そうした教えの前提としての「迷い」について少し考えてみましょう。遠廻りの道ではありません。供養の心を作る一助にきっとなるはずです。

第七章

心の中の迷い道

1. 人生苦労があって当たり前

●家庭を顧みない父親が精神病を生む

供養が精神病をはじめとするあらゆる悩みを解決に導く唯一の道であると、頭ではよく理解しているのに、さっぱり供養の座に座ろうとしない一家の主人がいます。

奥さんの方はわが子を治したい一心で、私が感心してしまうくらいに一生けんめいなさるのですが、夫の方はいつまで待っても一向に妻と協力して事に当たる姿勢を見せてくれません。霊視が夫婦揃っておいでいただかなくては困るのと同様に、いや、それ以上に一緒に気を揃えて下さらなければならないのが供養です。

病んでいる息子や娘を治すことのできるのは両親ですのに、何故父親は素直にすんなりと供養に入れないのでしょう。

合掌したり、礼拝したりするのが何となくテレ臭くて、という子供じみたことを言う人もいましたし、また、死者が何かしているなんてとても考えられないと、自分が考えられるか否かをすべての基準にしているえらそうな人、更に、子孫に害をなす先祖を何故拝まなければいけないのだと、並べられるだけの理屈を並べて頑張る人など、どのタイプも私に言わせれば、失礼ながら年令を重ねたわりには人生経験の幅が狭いまま来てしまった男性と見てとれました。

いくら理屈を並べようが威張ろうが、実は何ほどの力もないちっぽけな存在なのだということとを、まだ人生の中で思い知っていない人達なのです。苦労がなくてしあわせどころか、年令なみの成長をし損った不幸な人たちと言わなくてはなりません。

まだ悪口を続けます。仕事だ何だと口実をつけて妻一人に押しつけていますが、仕事と子供の精神病と天秤にかけてみて仕事の方が重いのですか。もしそうなら、いつも家族を口にしながら、みっともないほどに自己中心的に生きているわけで、つまり、子供より何より自分を愛しているのです。

こうした父親の姿に子供たちはシャープな視線を注いでいます。父親への信頼と愛を喪失し、家庭内の波動は暗い悪循環を始めます。

そのことに父親が気付いて反省するのが、死んでから後では遅いのです。死後に後悔するこんな父親が結局は浮かばれない哀れな死者となって、次の子孫を苦しめることになります。そんな死者に確実になります。

これだけ悪口を言われたら怒って下さい。妻や子の苦しみ悲しみの二倍も三倍も苦しんで、率先して供養をすすめて行くのが家長であり、父であり、夫です。

そうなってほしいために、死者たちが子供さんを借りて主張しているということに早く気がついて下さい。

●何もかも「霊障」と考える前に

人間は、どうも生まれて来た以上は幸せであるのが権利であって、しかも、当然なのだと思っているようです。このために、幸福であっても幸福とは思わず、感謝するという気持ちなど少しも湧いて来ません。

ところが、人生というのは苦労という体験を通じて魂の修行をする場ですので、必ず苦労があります。そうすると、すぐにあわてます。

「どうしてなんだ、何故なんだ」

この不幸は夫のせいだ、妻のせいだ、親が悪い、上司が悪い、あいつが悪い、こいつが悪い。とにかく自分以外の誰かが悪いために、自分が不幸になったと思いつめます。ひょっとすると悪いのは自分かな――と、こんな方向に頭が回れば望みがあるのですが、まずそんなことはありません。

そして、他人のせいにしつくしてしまうと、今度は、悪いことはみんな死者のせいだと考えるようになります。

この世に生まれれば、当然受けることになるさまざまな苦労まで、すべて亡くなった人の霊が障《さわ》っているからだと考えます。

死者が悪いことをしている。悪霊だ。追い払わねばいけない。逃げなければ駄目だ――

全部間違いです。

霊障が無かったらあなたはまだ何も死者のことを考えもせず、自分中心の暮らしを平然と呑気に続けていたでしょう。

精神病者を抱えて絶望的な日々を送ることがなかったら、あなたは、百円玉を道に落としても動揺落胆して悲しみ、この世に人間として生を享けたことへの感謝などという大きな幸福を手にする機会はなかったでしょう。

浮かばれぬ死者の苦しみにくらべたら、この世の苦しみなどそれこそ羽毛の軽さです。

霊障などは苦しみに入りません。霊障は、死者が障っている「苦」ではなく、本当はこの世の縁者に運んで来てくれた大切な「教え」なのです。

その教えを素直に受けとめれば、今の苦しみの本当の原因が誰にあるのでもなく、自分自身の毎日の暮らしざまの中にあることがよくわかるはずです。

●「苦しみ」は学びのための修行

こんなお話をしていますのに、それでもこんなことを言う人がいます。

「早く治して下さい。あなたの不思議な力は治すためにあるんでしょう」

「死者の魂が生きているとか、供養の心とか、そんなお説法よりも、治るか治らないかだ」

せっかくのご縁をいただきながら、金銭や物や肉体だけが人間生活のすべてと思っている人は、どんなに心や魂の話をしても、まだ「つけるとすぐに治る薬」だけを追い求めます。気が短くて右のようなことを言っているのではなく、大変残念ながら、今日までの生き方に誤りがあったために、本当のところを把握できるまでにはまだまだ時間が必要なのです。

本当の解決はまだ遠いはるか彼方ですので、それだけ苦しみが続きます。しかし、それだけの修行が必要なのだということです。

何のために苦しみを受けたのか。

そして、どうして今、この本を読むことになってしまっているのか。

このことに早く気がついて下さい。

御佛《かみ》がなさることは、何気ないようでいて驚くほど広遠なものです。

霊障についてもう一度申します。

霊障は、死者が生きていること、そして、物質や肉体中心の世界の対極にある心・意識・魂こそが、御佛《かみ》という名の大自然の意志と死者の想いとに交流できる絶対真理であることを私たちに教えて来る現象です。

私たちが肉体以外の「魂」というものを知るために、一番最初の教程として経験させられるいわば入口の所です。

せっかくのこの教えである霊障や、人間の知恵の小ささを示す数々の不思議な体験を、あさはかな人間の解釈で実にあっさりと拒否したり逃避したり、否定したりしてしまうのは惜しいというより愚かと言わなくてはなりません。

何故こんな愚かなことをしてしまうのかといえば、物質的な肉体世界で、損をしたとか得をしたとか、そんなことだけが人間の一番大事なことと思って暮らして来たからなのです。そんな生き方暮らし方から急いで脱出して下さい。

もっとも、人間誰でも初めからこうした境地に達しているものではありません。

昔の私など愚かなことの連続でした。

「○○様、どうかこの病気をお癒し下さい」と、一心にお祈りすることで、自分や自分の家族がよその人々にくらべて、病気もしないし、お金も稼げるものと思いこんでいました。こうした体験が、早い話が入門課程なのでしょう。

ところが、どんなにお祈りしてもさっぱりよくなりません。反対にどんどん悪くなります。悪いのを通り越して絶望的な状況に立ち至ってしまいました。

「神も佛もあるものか。こんなに祈ったのに、お願いしたのに、何ひとつ聞き入れてくれないのだ。もう神佛とはこっちで縁を切ってやる。バチを当てるなら当ててみるがいい。バチを当てられたって、今より悪くなりようがないのだから平気だ」

そうして私は、それまで熱心に拝んでいた祠《ほこら》を、橋の上から川の中へ投げ込んでしまったのです。

こんな思い切った体験によって考えもしなかった大きな脱皮ができましたが、更に絶望の果てに自殺未遂まで行ったり、私にも第二第三といくつもの教程がありました。

今ふり返ってみれば、御佛《かみ》の教えとはこうした形で自分自身が体験できるように、身辺のあらゆる条件をさりげなく設定なさることではないかと思えてなりません。

第四、第五と、人間はその肉体を終えるまで、教程を山ほど体験したのちに、やっと、魂に目覚める本道へと足を踏み入れて行くことができるのです。

今のあなたの苦しみが、大きなものを学べる途中の体験であると自覚できれば、それで今の教程は卒業となります。当然次の体験がやって来るでしょうが、しかし、今の苦しみはすでにもう消滅しているかもしれません。

物質へのとらわれこそが、先祖・自分・子孫を通じての不幸の根っこであることに気がつくのが早ければ早いほど、幸せという結果も早いはずです。ですから、治るとか治らないとか目先きのことに心を奪われてウロウロしていたのでは解決のきざしさえなかなか見えて来ません。

先程から執拗なくらいに繰り返していますのはここのところなのです。

気持は痛いほどよくわかりますが、治す道はただひとつ、必死で経過を見つめている目を、病者から離して自分の心に注ぐことです。その心の中に解決の道があります。

2．正しくない道を歩かされる

●無責任に不安を増長させる霊能者たち

或るご婦人の話です。

息子さんが、学校のスポーツ部の合宿とかで遠方まで出かける矢先きに、夢で息子さんが交通事故に遭うところを見てしまって、さあなんとも気になって仕方がありません。居ても立ってもいられず、私のところへ電話をなさったそうなのですが、あいにく私が講演で遠くへ出張していましたために、奥さんは思いあまって知人の紹介で或る霊能者のところへ相談に行ったのでした。

いわゆる「おうかがい」という昔からあるような所で、右へ行った方がいいか、それとも左かと迷った時に、神佛からの指示をもらえるとされている所です。

どっちがいいかなどということを都合よく、神佛が教えてくれるはずがありませんが、昔から弱い人間はこういう所へ行っては、右だ左だと決めていました。思う通りの指示があれば「やっぱり」と安心し、反対の指示があった場合は「カミさまがそういうのだから」と、これまた安心して従いました。

要するに、安心したいために、いいことを言ってもらいたくて行くところです。

ところが訪ねて行った霊能者は、しばらく瞑想やら拝むやらして、こんなご託宣を述べたのだそうです。

「危い。やはり夢の通りに息子さんは事故に遭う。間違いなく怪我をします」

こう言われてしまったけれども、息子さんはもう出発しています。奥さんはもう何も手につきません。

「では、どうしたらいいでしょうか」

結局は、祈禱をしてもらったのですが、それだけではまだ心配です。私が旅先から帰って来るのを待ちかねたようにおいでになると、早速、心配そうにこうお聞きになりました。

「先生。息子は本当に事故に遭うんでしょうか」

この奥さんは、私にも予言や予知をしてもらって、あわよくば、

「大丈夫。事故になど遭いません」

といういい言葉をはっきり述べてもらいたいと思っているのがよくわかりました。

私はお気の毒でしたが、簡単にこう言いました。

「そんなこと、わかるものですか」

「……は?」

奥さんはキョトンとしていました。

人間の自己中心の心配事に、こまかく予言して下さる御佛《かみ》など絶対に存在しないのは前述の通りです。それなのに、時折、御佛《かみ》の真似をするのが大好きな、くだらない死者が人間に憑依すると、こうした指示をしてみせることがあるのです。

第二章「憑依の実際」で、岡山から来た少女の事例を記しましたが、あのように自分は観世音菩薩だなどと厳かに言ったりして得意がる死者が実は想像以上に多いのです。

この奥さんに「事故が起きる」と断言した霊能者は、そうした低級霊に自分の身体を使われていたということもありえます。

「それではどうしたらよいのでしょう」と、奥さんがすがりつくようにして霊能者つまり死者である自分を頼って拝んだりするのを面白がっていたのかもしれません。しかし、この場合はそうした死者の憑依ではなく、まず不安感をかきたてて次の祈禱へと誘導する商売のような意図が見えてなりません。

もし本当に事故を予見する能力を持つ霊能者ならば、何故そんな事故に遭うことになるのか、原因を根本から探って解決に導く指示を与えるべきではありませんか。

私は奥さんに言いました。

「親というものは、いつもいつも子供のことを心配しているものです。夜、眠っていても意識の中で常に子供の安全を願っています。そうした心配の意識の働きによって、決していい夢を見ません。だから、いやな夢を見たからといって心を動揺させてはいけません。夢は夢です。そんなことで心を動揺させて悪い波動を作ることの方がずっとよくないのですよ」

私の霊視をよく夢と同じものと勘違いなさって、自分の夢も何か死者からの知らせではなかろうかと、この奥さんみたいなことを私に質問なさる人があります。

私の霊視は、眠っている間に私の肉体から意識体だけが遊離し、御佛《かみ》から与えられた役目として、死者たちの意識体と接触して来るのであって、通常の夢のような潜在意識の働きとは全く別の次元のものなのです。

それはさておき、親の動揺した悪い意識波動が、かえって子供に悪い結果をもたらすことが多々あるのですから、無責任に親の心配を増すようなことを言うのは危険きわまりない行為です。本物の霊能者だったとするとまことに困ったことと言わなくてはなりません。もっとも、最近のテレビなどでも随分といかがわしいものが多く見られます。

事故があった場所などへ出かけて行って、「そこに霊がいます。あすこにもここにも。こちらの霊は座っています」などと、誰にも見えないものが自分には見えているように振舞ったり、また、千里眼のように遠くにある建物の中の様子を述べたりして大勢の人々をびっくりさせています。

手品のようにタネがあるとか、嘘を本当のように演じることがあっても、テレビはフィクションつまり嘘を面白く見せるショーなのですから、びっくりする人ほどテレビのいいお客様というわけで、特に非難することもありません。

私がここで問題にしたいのは、本当に幽霊が見えたり遠くの事物がわかったりする霊能力を持った人たちが、その力を大衆に示すことの意味をどれほど自覚しておいでかという自律についての見識の有無です。

霊能力というものは、人間のすぐれた能力による以外にも、その人間に憑依した死者の意識体の作用でも充分に発揮されます。

人間ではないものの力ですから、遠くのものを瞬間的に見て来ることなど何ほどのこともありません。幽霊も見えるでしょう。

しかし、見えてどうするのですか。

そこが問題です。人々をびっくりさせて得意になったり自己宣伝の道具にしたりするのが霊能力を持った意義なのでしょうか。真の霊能者なら、御佛《かみ》から自分に与えられた力を何にどう使うべきかを、もっと真剣にわきまえていて然るべきと考えます。

ＴＶ局の依頼をいただき、私もかつて何度か画面に出ましたが、その僅かな経験でもテレビが興味優先のものであることがよくわかりました。

霊能力は御佛《かみ》や死者からの教えを伝えるためのもので、遊びに使うものではない――などと主張する私のような者は、こちらからご遠慮申し上げなければと、近頃はテレビのお誘いにはお詫びして辞退申し上げております。

しかし、どの霊能者の方々も、自分の力を宣伝誇示する性向はあっても、一人として「我はカミなり」などと名乗る人がありませんので何よりのことと思っています。

自ら御佛《かみ》と名乗るものは、それが生きている人間ならば絶対に御佛《かみ》ではありません。死者であっても、御佛《かみ》と名乗ったものは御佛《かみ》ではありません。

私の霊視も供養も、私を見詰め育てておられる御佛《かみ》が、肉体を持っている私を使ってなさることであって、私が御佛《かみ》だから可能なのでは絶対にありません。

そしてまた、御佛《かみ》はご自身から自分は何という名のいかなる御佛《かみ》であるなどと、誇らしげに名乗ったりなさいません。

御佛《かみ》とはそういうものなのだと思います。それだけに、もし私の心の中に御佛《かみ》の名を騙《かた》るような不純なものが少しでもあったら、私は今のお役目を満足に果たせなくなるのは当然です。それより何より役目を私に与えられた御佛《かみ》の落胆ぶりは如何ばかりでしょう。想像しただけで申し訳なさに身が縮みます。

●佛像をいくら拝んでも供養にはならない

私の所からそんなに遠くないＳ市の国道沿いに、もう何年も放置されて荒れ放題の旧病院があります。

日夜その前をたくさんの人が通行していますが、見るからに幽霊屋敷といった感じで、誰も建物の中へ足を踏みいれません。当然怪談ばなしがひろがります。

精神を冒されて私のところへ相談に来た青年も、その場所をよく知っていて、過去に車を前に停めただけでゾッと背筋に悪寒が走り、入院患者などいるはずのない二階の窓に病人らしい複数の顔が見えたと話をしてくれました。

この類いの話がいっぱいひろがったので、関係者がいろいろな祈禱師とか霊能者などに依頼して、気味の悪い噂を払拭《ふっしょく》しようとしました。ところが、何度実施してもさっぱり効果があがらず、幽霊を見たという人が依然絶えないのです。

様々な儀式めいた作法をして、一心に祈ったのに、何の変化もないというのは、直截《ちょくさい》な言い方で気の毒なのですが、霊を納得させ成佛させるという解決の力をどなたも持ち合わせていなかっただけのことです。それでも、霊能者としてこうした場所に引っ張り出されることになってしまいます。

「どうですか、幽霊はいるんでしょうか」

その場で関係者から質問された場合に、いないと答えるよりは、いると答えたくなるのが人間です。

「いますよ」

「どこにいますか」

「あすこ、それからあすこにも」

「どんな幽霊ですか」

「女。もう一人は男です」

こうしてどんどん噂は具体性を帯びてひろがって行きます。

霊能者とは不思議な力を持っている人だから見えて当然と思っているのが一般の人々です。実にナイーブに信用してくれます。

こんな状況の中で、もし、この霊能者が口から出まかせに「教え」らしきものを説いたとしたらどういうことになるでしょう。人々を間違った方向へ走らせてしまうのです。困ったというよりは、おそろしいことです。

わかり易い例としてS市の旧病院跡の話をしましたが、今の世の中には、物欲を充足させたいために手品まがいの怪し気なことをして、それでお金儲けをしている人々があります。霊能者などではありません。その真似をしているだけなのですが、それで充分にいい気持であり、目的も達成できているようです。こうしたところへ先ず行ってしまうことになる確率は非常に高く、私のところへおいでになるまでに随分と高い月謝を払わされてしまったという人は相当多いのです。

どうしてまっすぐ私とご縁ができずに、あちらこちら遠回りすることになってしまうのでしょう。ひどい目に遭ってしまうのでしょう。うちの子の様子がどうもおかしいと思ってすぐに霊能者のところへ行ったけれども、おはらいをしても少しもよくならない。あそこよりこっちの御佛《かみ》さまの方が効き目があると聞けばそこへ行き、いつの間にか一年も二年もたってしまってますます病状が悪化します。

その間、悪化に比例して病院の薬もどんどん強いものになります。そして、ようやく私の前に連れて来られた時は、可哀想に薬の副作用で妙に肥えた体をダラリとしているのです。

早い時期に、私のところへまっすぐ来ていたならば、早く供養が始められたので、早く快方に向かっていたかもしれない——と、この世の人間らしい論理でつい考えてしまいますが、早く来てもおそらく駄目だったでしょう。というのは、お見えになって私の「死者は生きている」という話や、供養の心を作る話などをお聞きになっても、その段階ではさっぱりわからなかったに違いありません。

ですから早くおいでになればいいというものではなく、御佛《かみ》から見てのタイミングが整ってはじめてご縁が繋がるもののようです。

あちらこちらと回らされ、一喜一憂しながら実は大変な修行をさせられて、そしてやっと私とのご縁ができますと、もうその時は私の申すことなど一発でおわかりになります。

正しくないあやしげなものに引っかかったり、手間どったりするのも、みんな御佛《かみ》の遠大なお考えによる貴重な体験として今及びこれからの日々に生きて来ます。無駄なものは何ひとつありません。

間違った道を歩かされるということでは、もう一つ、自分が霊能者か霊能研究者になってしまうというのがあります。

大抵の場合、動機は真面目なのですが、神秘性に憧れているうちに、自分でもかなりなパワーを内に秘めているのだと思いたくなり、やがて宗教や信仰を手前勝手に解釈して妙な真似を始めたりします。たとえば、毎晩見る夢を霊視と勘違いし、こじつけたような夢判断を御佛《かみ》の教えだと自分でも信じてしまうようなことです。

宗教家でもないのに、まるでそのような真似をして、そのうちに自分でも宗教的にかなり高まったと思いたくなっている人を相当数見うけます。

佛像の前に長々と佇み、佛像を注視しているうちに、ふと御佛《かみ》の声が聞こえて来るような気がして、自分では修行のつもりで佛像を拝み続けている人もありました。そのうちに御佛《かみ》の声を聞いたなどと言い出さなければいいがと心配です。

大体、佛像というものは人の手によって造られたもので、佛像としての役割はあっても御佛《かみ》そのものであるわけがありません。ですから、もし御佛《かみ》の声が聞こえたとしたら、それは幻聴か、または、期待する心が作り上げた嘘でしかありません。

ともあれ、佛像を拝む信心をいくらしても、それはまったく供養にはなりません。著名な寺院の参詣をいくらしても供養とは別です。

●面白半分の心霊治療は危険

こうしたことと同次元のものとして、もう一つお話しておきたいのが、霊的要素のあるアクションは気軽に、不用意に、遊び感覚で乱用すべきではないということです。

ＪＲの駅の前を歩いていたら、見かけは普通のサラリーマンのような人に、いきなり顔の前に掌をつき出されて、心の病いがあるから治してあげようと言われたという噂を最近何人もの人から耳にしました。

もともと「手かざし」といって人間の頭の前に掌をかざす方法で、身体の痛みなどをやわらげる心霊治療というものは存在します。これは大宇宙に充満するエネルギーを利用し、施術する人間の身体を媒体として、身体の先端である掌から大地のエネルギーを放射するようにして行なう治療法で、こうした方法による奇蹟の結果を一つの宗教の形として実施している所もあると見聞しています。

心霊治療というものを、正しく御佛《かみ》を信じて行なうことは素晴らしいことで、それ自体を否定するつもりはありません。が、問題はなんでも彼でもこの方法で治せるとばかりに相手かまわず乱用する治療家があることと、さきほどの駅前の例のように気軽に誰にでも手をかざしてしまう無知なマニアに、悪意で使われてしまっているということです。

どんな治療も、特にこの種の心霊治療には治せる病気と治せない病気があります。難病を治せても簡単な病気が治せないという常識とは反対の結果を示したものもあるということです。

が、私がここで申し上げたいことは、この「手かざし」を受けた途端に精神の異常が始まったという人、更に、既に発病していたところへこの治療を受けたら一層悪化してしまったという人が非常に多いということです。

私の所へおいでになった人にいろいろ過去の治療について聞いてみますと、ごく最近に知人からこの治療をしてもらったら、急に悪くなった——というケースが頻発しています。

精神病が縁ある死者の憑依であることを知った皆さんならご理解いただけると思いますが、死者に対する愛のひとかけらもなく、ただ掌を当てて「去れ、去れ」と追い払おうとするいわゆる「おはらい」と同じことをしているわけです。

精神病にこうした行為は逆効果どころか罪悪でさえあります。仮りにハンドパワーなるもののエネルギーの強さに、死者の意識が眩しくなって憑依したものの肉体から離れることがあったとしても、頼るべき縁のその肉体には、当然すぐに帰って来ます。つまり真の治療とはほど遠いものなのです。

子の痛む腹に、母親が愛の手を当てる「手当て」と混同してはなりません。

いずれにしても、正しいハンドパワーの利用による治療でも、それは精神病には一切通用しないことをよく認識していただきたいと思います。精神病は病気ではないということの本の題名を思い出して下さい。ハンドパワーは、投薬・手術・電気治療等と並ぶものであって、憑依を解決する供養とは全く違う次元のものであるだけでなく、逆のマイナスの作用もする全く困った治療法だということをぜひ知っていただきたいと思います。

ましてや興味本位で大地のパワーを利用する技術だけを学んで、道行く人々に片っ端から手かざしするような馬鹿な真似は絶対にしないことです。そして、絶対に受けてはいけません。

しかし、マニアというか、ちょっと勉強した程度で、霊能力を持てたように錯覚したがる趣味の人は意外に多いのです。どんな人でも天から与えられたその人ならではの仕事があるのです。その職業に精を出すことこそ生まれて来た第一の意味なのですから、決して霊能者になろうなどという不自然なことを考えて御佛《かみ》を悲しませないようにお願いしたいものです。

また、真面目な動機でさまざまな形の修行や修養の集まりに参加する人も多いようですが、たとえば自分の心の奥底をあまり突き詰めると、かえって自己中心的な考え方を助長してしまうこともありますし、また、苛酷過ぎる肉体の鍛練や修行が、自然な人間性を損ねたり危険を伴ったりすることもあって、どれも単純に肯定できません。ましてやおすすめすることなどできません。

幾日も断食したり、寒中に水を浴びるというような厳しい修行がありますが、こんな大変なことを坊さんでもない自分が、坊さんに混じってみごとやり遂げた——というような時に往々道を踏み違えることがあります。

修行する以前はただの凡人だったけれど、修行を終えた今は以前の自分とは違ったはずだ。

ひょっとしたら御佛《かみ》と通じ合えるような不思議なパワーを手中にしたかもしれない――このように考え始める可能性はかなり高いといわざるをえません。ここに重大な落とし穴が口をあけています。

修験者・行者という、昔から常人にはとてもできないような修行を積んで不思議な神通力を得た人はたくさんいますが、ところがその道は、今お話している優しい先祖供養の道とは訣別《けつべつ》した世界を歩むことになります。

普通の人間がこうした道に憧れて没入して行くことで、今迷っている気の毒なご先祖が一人でも安らかな成佛をして下さるはずがありません。むしろ「何をしているんだ」と意識の波動が一層の乱れを示すことでしょう。

御佛《かみ》がなさる不思議のパワーを垣間見ると、なんとか自分もその不思議の世界と接点を持てるようになりたいと願うようになる人が結構ありまして、その人たちは日本人の特性なのでしょうが修行なども実によく頑張ります。が、頑張るとか、りきむとか、目が据ったような力の入った心では、ますます供養と縁遠いところへ飛んで行ってしまいます。

死者の霊は対峙《たいじ》して戦うような恐ろしいものではないのですから、無理に頑張ったりしないことです。そして、理屈や結果など考えずにとにかく一人一人供養して行くことです。

理屈では結論が出ない世界ですから、理屈をつけようとすると迷うばかりで回り道を延々と歩くことになります。

供養は、やってみることで次第に一歩ずつその心が自分の中に育って行くもので、そのことはみごとに自分でもわかって来ます。自然に感謝の気持が湧いて来て、供養することが嬉しくて嬉しくてたまらないようになります。

こんな時に、広大無辺の力をそなえた御佛《かみ》に、あなたの魂がごく自然に通うのです。あなたの魂がどれだけ磨かれたか、御佛《かみ》は見ていらっしゃるのでしょう、あなたが無理な頑張りをすることなど何もありません。

優しい素直な心でただただ死者を思いやる——この道しかありません。

第八章

供養で
供養の心を知る

1. 供養で自分の「死後」を学ぶ

●今こそ間違いだらけの供養を改める時

供養の心について更にお話を続けます。ここまでお読みになったなら、精神病が治る方法がどこかに簡単に書いてあるのではと急いで頁を繰る本ではないことを、もう充分にご理解いただいていると思います。

しかし、私の気持の中では、今、ご家族の精神病で苦しんでおられるあなたを、少しでも早くお救いしたい、病者を一日でも早くもとの身体に戻してさしあげたい、それこそ地獄のような日々からお助けしたい――と、じっとしていられないほどに急いでいるのです。ドラマを見ても、泣いてしまう私ですから、目の前に苦しんでいらっしゃる人を見ると、急いでなんとかしなくては、と人一倍あせる性格でもあります。従って今決してのんびりとお説教を書いているわけではありません。

長年患っていた腰が、忘れていた姑のご供養をしてよくお詫びをしたら一ぺんに治ったというような事例は、それこそ枚挙にいとまがないほどです。これは、心得違いを御佛《かみ》がお諭しになるために、無知な暮らしを続けている人に「不思議」なことを見せて下さったもので、きわめて初歩的な供養への入口です。

しかし、精神病は違います。俗な表現で申しますならば、根が深いのです。

はっきり言って、今現在の当主の無反省だけではなく、先祖からの長い家系（言うまでもなく父の父の父といった一本線だけのものではなく、母方・祖母方、更に有縁のすべての家系）の中で、人間死んでしまったら何も無いのだからどうでもいいという考えが続き過ぎたためと言わざるをえません。

世間並みに墓参り程度のことはして来たでしょうが、第五章で警告しましたように、昔からの間違いだらけの形式を鵜呑みにしたものばかりだったのです。そして代々にわたって物欲充足のための金銭取得を目的として精励することこそが人生最大最高という価値観で来てしまっています。それなるが故に、今、最も強い形で教えられているのです。

いや、教えてくれなくても結構だ、自分で正しいと思っている自分の道を行く——と、あまのじゃくを言っていられる状態ではなくなってしまっていることを素直に認めなくてはなりません。過去の生き方は明らかに敗北したのです。率直に反省する時なのです。

人間の知恵の範囲の、たいしたこともない理屈で抵抗するよりも、全身全霊を御佛《かみ》の前に投げ出して、御佛《かみ》にも縁ある先亡の方々にも、今までの自分のすべてをお詫びすることです。

この切りかえがつかぬ限り、今当面している苦難に解決の目途はつきません。つまり治りません。

私はだから駄目だと言いたいのではなく、なんとしても早く解決の喜びを体験していただきたいために、いろいろ強い表現をしているだけです。どうぞ、供養する心というものを、この本を繰り返しお読みになって把握して下さいますように。私の願いです。

●生きているときから死を認識せよ

この世に私たちが生まれ出て来る時、この世がどんな所なのか、また、誕生ということがどういうことなのか、当然ですが、何も知らずに生まれて来ました。それなのに、もう随分この世のことをわかっている気になって暮らしていませんか。

動物学上の誕生メカニズムは知ったでしょうが、自分があの両親のもとに人間として何故受胎されたのかという神秘の実態は誰一人わかってなどいません。生がわかっていないのにどうして死がわかりますか。死んだら何も無いとなぜ断定してしまうのでしょう。それこそ非科学的・非論理的というものです。

私は、こんなことからも自分は相当な愚か者だぞと思い直して、そこを出発点にして何でも始めることにしております。

太陽を中心に万物が規則正しく回転し、循環し、そして生きているように、大自然はすべてこの偉大な大法則のもとに運航していて、人間の誕生も、死も、この大法則から全く外れていない現象です。

私は、この大法則こそがすなわち御佛《かみ》の心であると思っています。

自分というものも、宇宙の大法則である御佛《かみ》によって生かされているに過ぎない小さな一動物です。草木と同様に生まれて生きて子孫を作ると枯死します。その死んだ肉体は、地球上の物質としては形や組成《そせい》が変わって、人間と呼べるものではなくなってしまいますが、しかし、その意識体・魂はそもそもの肉体を持たない単独の姿で永遠に生きます。

大宇宙のどこかは見当がつきませんが、そもそものこうした魂が組みこまれて生きている場というものも、ちゃんとあるはずです。

天国とか極楽浄土とか昔から抽象的に説明されていますように、地球上の三次元における存在だけが存在ではなく、地上の人間界から見れば抽象的な位置も、大宇宙大自然の中では確とした場所として存在しているのです。そしてその本来の居場所に成佛という名の帰還をスムーズに行なうのが御佛《かみ》の法則に調和した安らかな魂の運航というものです。

死んで肉体が終わった時に、正しく自覚して新しく意識体として生きようとすれば、迷いも苦しみもなく、ただちに魂の居場所へと帰還できて、もう地上にさまよい子孫にすがるような哀れな状態になることはありません。

従って、この死の自覚は大切なポイントであり、生きているうちから意識に叩きこんでおく必要があります。

いつまでも死に気付かずにいると、「佛に成る」ことができません。ですから、今そんな状態にある人のことを私は「ホトケ」ではなく「死者」と呼んでいるのです。

たとえば肺癌で亡くなったとします。最期の最期まで痛みに苦しんだ肉体が、死とともに一切の活動を停止し、火葬によって骨片と化しても、なお痛いつらいという想いが残ります。自分の死が自覚できれば、痛みも当然肉体とともに消え去り、魂としての行動にすぐに移れるのですが、自覚がなければ、まだこの世に肉体を持って生きているという錯覚の中にあって、痛いとか苦しいとかいう想いだけを持ち続けることになってしまいます。

こうした暗く悲しい不安定な想いの波動が、この世に今生きている肉親の似たような心情と同調した時、死者はその想いで瞬時に憑依して来ます。そして、死者の意識がそのまま人間の肉体機能を使って表現されることとなるのです。

この事実が恐ろしいばかりの現実の現象として示される様子を、私も数え切れぬほどに直接体験させていただきましたが、死者が死後もなお生きているということでは、こんな端的な例によって教えられたこともありました。

●死を自覚せず、位牌を倒す死者

或るお葬式で、お棺の前に霊位として立てられた新しい白木の位牌が、台もしっかりしているのに、どういうわけかすぐに倒れてしまいます。何べん置き直してもひっくりかえるので、親族の方が私に助けを求めて来ました。

私にはすぐわかりました。この死者もやはり自分が死んでしまったことがよく理解できずにいたのです。

死んだ死んだと親戚知人が集まって来るので、どうも自分は死んだようだと一応は思ってみたが、しかしどうもおかしい。こんな風にどうも変だと考えることのできる自分がいるのだから死んではいないのかもしれない。そういえば、病気の痛みも確かに消えていなくてとても苦しいし、親戚間の長い間のトラブルで感じていた不快感も相変わらずである。そうだ、自分は死んでなんかいないのだ。なのにこの葬式は何だ。位牌など立てて冗談じゃない。俺は生きているんだぞ、死んでないんだぞ——と、それで位牌を倒してしまうのです。

そこで私は、いつものようにこの死者に語りかけました。

もうあなたは死んでしまったのだから、そのことを早く自覚して、帰るべき世界へ帰って行かなくてはいけません。さもないと苦しみが続くばかりですよ。

まるで幼な子を諭すように諄々と説いて聞かせましたところ、この死者は自分の現状をやっと納得できたようでした。

そして位牌はもう二度と倒れなくなりました。

死者とは、こんな状態にあるものなのです。死んだことに気が付かないまま数十年でもそれをたった一分間ぐらいのつもりで、この地上をウロウロとさまよう死者が私たちの身辺に充満しているといっても過言ではありません。それなのに、どうせ死んでしまってもうこの世にはいないのだからと、ちょっと思い出してあげることすらせずにただひたすら目前の己れの利欲だけを血眼で追求している人々のなんと多いことか。そうした生きざまの見苦しさは情け無いくらいです。

●死者は生者に同じ苦痛で訴えてくる

数年間の或る時期からなのですが、私の脇に座って供養の手伝いをしてくれている甥で副住職でもあります中嶋玄宗《げんそう》が、ご供養の場で肉体的に激しく苦しむようになりました。

死者の意識が私たちの意識と、波動が合致した時に起きる現象で、これまでにこうした死者からの強い反応を私も随分と体験させられて来ています。

死の間際まで苦しんだ病気や怪我から死者の意識がまだ充分に離れていませんと、私たちの肉体の、その全く同じ部位に激痛が来てしまうのです。心臓や肺の病気だったなら胸、足の怪我だったら足、そして何か心情的な苦しみ悲しみを伴うものならば、頭・肩・胸というように猛烈な痛みや重苦しい鈍痛が襲って来るのです。

肉体的な痛みだけではなく、怨み・ねたみ、そして、いじめられてくやしいというような哀れな感情まで同時に送られて来て、読経中にどうしてこんなに腹が立つのだろうといった不思議な感じになります。

供養の場でいつものように私が死者に対して話しかけを始めますと、その意識が通じるかのように、脇で読経している玄宗の声が急にプツリと停まってしまいます。そして、しきりに苦しみ始めるのです。

供養が終わってしばらくすれば、不思議にそうした苦しみは軽減して行くのですが、最近の玄宗は次第にこうした「受ける」という状態が強くなって来ているようで、彼の脳裡に死者が姿を示して供養への礼を述べたりすることもあります。しかし、彼の肉体上の苦痛は大変なもので、供養のあとしばらく別室で横になってしまうほどです。

不思議なことに、彼がこれほど強く受けるのは、私の脇に座って私を補佐する形の時だけで、私に代わって彼が一人で供養する時には、たとえ強く受けることがあっても、その場限りで、引続いて次の供養に入ったとしても実にしっかりとできるのです。

今までこうしたものを一身に受けていた私の方は、最近は確かに死者からの波動でびんびんと重圧感みたいなものを覚えますが、それでも昔のような特別に激しい苦痛というものは来ません。どうも肉体的苦痛によって訴求する形は、玄宗を鍛えようとでもするように、彼に集中しはじめたものと思われます。

かつて私が体験し続けた苦痛が、何故また玄宗に来るのだろう。何故こんな苦痛を我々が死者から受けなければならないのだろう。どうして死者はこんなことをするのだろう——

人間は悲しいことに人間の知恵でしか物事を考えられません。供養をしているというのに何故苦痛を与えられるのか、なんとも不合理な現象に思えて長い間納得できずにおりました。しかし、最近苦痛が玄宗に移ったことで、客観的な目で見ることになった私はハッと気付きました。いや、気付かされたのです。

御佛《かみ》は、この「受ける」という不思議な現象を使って私にまた一つ大切なことを教えて下さったのでした。

痛みは、その痛いという死者の想いを、そのまま徹底的に死者と共通体験するためのものだったようです。

わが身を抓《つね》ってひとの痛さを知れという諺《ことわざ》がありますが、自分で痛みを感じてみて、やっと他人の痛みがわかります。

もしあの痛みが来なかったら、頭で考える観念で死者に同情することはできても、死者の痛みを自分でも一緒に痛んで心を通わすレベルに達することはとても不可能でしたでしょう。痛みがあったからこそ、

「そうか、この死者はこの世にあった時、こんなにも苦しくて悲しい想いだったのか」

と、私たちの心は死者の上に優しく通います。こうした死者と同次元に立っての意識の交流同調こそが、成佛を願っての供養には不可欠のものだったのです。

痛いということは、一つの苦痛ですから、これも霊障と言えなくはありませんが、このように、ただ苦しめようとしてだけの目的で来るものではないことをご理解下さい。

死者にしてみれば、やむにやまれぬ唯一の通信方法です。

事実こうした苦しみを伴わないような連絡で、私たちは死者に気付くでしょうか。こうしたことでも無い限り、死者に気持を向けることなど忘れたままになったと思うのですがいかがでしょうか。

厭なことだからと、ただ霊障を拒んだり、対抗したりする教えや慣習からは、根本の解決は絶対に求められないということも、ここであらためて強調しておきたいと思います。

2. 供養に理屈はない

●結果を求めれば迷路に入り込む

或る奥さん（Kさん）のお話です。

この人の息子さんは幼い頃から乱暴ばかりする子で、中学生になると、もう典型的な不良少年となってしまい、刑事事件をいくつもひきおこして、とうとう施設に入れられてしまいました。法的な処分ですので、簡単に出してはもらえません。

以後、もう何年もはるばると施設を訪ねては、僅かな面会時間に母と子の会話をするだけとなってしまっています。

Kさんは悲しくて悲しくて、いろいろな霊能者を回って歩いたそうですが、どこもただ正面に飾ってある佛像とか掛軸に向かって祈ってくれるだけで、確かに気は安まりますが、それで具体的な好結果を見せてはもらえません。子供が更生して施設から出してもらえるようにと、神佛に頼んでくれという他力本願の心ももちろん良くないし、それならばすぐ助けてやろうという神佛が存在することも絶対にありません。

それなのに、すぐに祈ってくれて、神佛がすぐに助けてくれると称する所がたくさんあります。Kさんからある所での体験を聞いて本当に私は驚きました。

「うちの子は、こうして待っていれば、必ず出て来られるのでしょうか」

というKさんの問いに、そこの霊能者という人はこう言ったのだそうです。

「多分駄目かもしれん」

「どうしてですか」

「今、息子さんの所へたくさんの霊が集まって来ていて、息子さんに向かって、なぜお前は悪いことばかりしてこの世に生きているのだ、死ね、死んでしまえと襲いかかっている。だから簡単にはいかない」

なんというバカげたことを言うのでしょう。私はこういう話を聞くと怒りがこみ上げて来てふるえてしまいます。

「ですから私、そんなことがわかる力がおありなら、その力でなんとか子供を助けて下さい。子供が可哀想でじっとしていられませんとお願いしたんです。そしたらその先生は、自分は見る力は持っているが、あとのことはできない。あなたが一心に拝むだけだって……」

無責任な話ですが、一面正直だともいえます。確かに「見える」力のそなわった霊能者が、その見えたたくさんの霊を成佛させるような力をあわせて持っているケースは少ないとされています。また見えるという能力も、いたずらする迷いの霊の憑依によって与えられている場合がきわめて多いことは既に述べました。が、そんなことを知るよしもない白紙状態の人々が、びっくりさせて得意になる霊によって遊ばれてしまっています。

前にも述べましたように、我は大日如来であるなどとまずびっくりさせて、次に、お前は織田信長の生まれ代わりだとか、エジソンの再来であるとかいい気持にさせてくれたりもするし、大罪人の生まれ代わりだから、今、罪の償いで苦労しているが、一心に祈れば償いが終わるなどというもっともらしい理屈をつけていろいろな行動をとらせたりもします。

霊能者自身が霊に遊ばれてしまっているのです。或るタイプの精神病と症状が全く同じで、こうした霊能者は霊能者というよりは憑依されたままになっている典型的な精神病者と見た方が正しいでしょう。

さて、Kさんのことです。

この奥さんは、物事をはっきりおっしゃるし、どちらかといえば激しい性格の方で、ぐんぐん問いつめて来るような姿勢があります。そのこと自体は結構なのですが、いい結果を早く出してほしいと望むばかりに、自分の暮らしぶりの反省もせず、ただ、誰の霊障によって息子が不良になったのだろうと、原因探しでもするような方向に向っています。霊視を待つ姿勢が、さあ誰なんだ、わかったらすぐ供養して成佛してもらうぞと、手ぐすね引いているような感じでもあります。

が、反対に強い気性によって、かえって長期間にわたる供養にも熱心に頑張って行けるかもしれません。

私は後者に賭けて、霊視をとることにしました。

霊視の中の情景はどうも韓国のようで、Kさんの祖父にあたるらしい人の想いがさまざまに表出されて来ました。その想いも尋常ではない感じで、これは大変だなと最初から私も緊張してしまうほどでした。

「大丈夫です。どこへでも出掛けて探して来ます」

Kさんは覚悟していたかのように決心のほどを表明されましたが、

「でも、両親の兄弟まで全部亡くなっているし、韓国や昔のことを調べるのにどんな手づるをたどればいいのか、今、そのことが一番心もとないんです」

と、さすがに心配そうでした。

霊視の内容をたよりに死者を探し出すのは、あくまでも家族縁者がするべき作業で私としては、その結果を待つしかありません。

が、Kさんの一生けんめいな努力と一念が死者に通じて、死者側からいろいろな助け舟が出され、とても考えられないような、まるで偶然にしか思えないような展開があったようです。死者たちが判明するのに意外なほど日数がかかりませんでした。

そして、次々と一人ずつの供養が進んで行きました。

行き詰まれば、また霊視をします。すると「これならわかるだろう」というように前回とは別の角度で見せて来ます。死者の方にしても、一生けんめいなのでしょう。

こうして供養した死者の数もかなりになって来ました。そうすると、これだけ供養したのだから、そろそろ結果が出てもいいはずだと、私の所へいらっしゃる前と同じように、霊障の消滅と幸福招来を期待しはじめるのが人情です。

私は心を鬼にしてKさんに言いました。

「自分が今この世にあることを支えて下さったたくさんの方々の成佛をさせてもらえて、よかったなあと、無欲にそればかりを思うようにするのです。このことはとても難しいことだけれども、供養をしているうちに本当によくわかって来ます。成佛できることが死者と一緒に嬉しく思えて来ます」

一人の死者の供養が終われば一人分良くなるはずだが、さて、その良くなった分というのはどれだろうと、薬効を確かめるようでは困ります。結果がどうなるどうなったという無限の迷路に入ってしまうだけで、その迷路には、正しい供養と違って終わりがありません。

Kさんは私の申すことを素直にきいて下さって、実に熱心に供養を続けて行きました。何度目かの霊視をした後、しばらく供養の申込みもなく日数がたちました。きっと、この間の霊視に出て来た人がわからないので、それで一生けんめい探しておいでなんだな――と思っておりましたところ、或る日突然にKさんからの電話です。

「先生！　今日、施設から息子に帰宅の許可が出たんです！」

心躍る連絡です。

こういう時が私の一番嬉しい瞬間で、まるで自分の子のことのように嬉し涙まで出て来てしまうのです。

供養が全部終われば――などという物理的なことではなく、供養の心ができ上がりさえすれば、結果はすぐにちゃんと見せて下さいます。みごとに見せていただけるのです。

それだからこそ私もなんとか元気が出て、次の悩みを持つ人と取組むことができるのですし、また、その人たちを励ますこともできているのだと思います。

●四年間供養を続けているH家の場合

また、こういうお宅もあります。Hさんのことですが、私とのご縁はもう四年ほどになります。つまり、四年もの間供養を続けていらっしゃるわけです。「え？　そんなにたくさんのご先祖を既にご供養なさったんですか」と誰もがびっくりするほどのご供養を済ませています。が、それなのにまだ終わりに至ってはいないのです。Kさんのように、あっさり結果をいただけないでいるのです。

最初に私のところへ訪ねてみえたのは、今はもう大学生になっている長男の功君《いさお》についてのご相談でした。

功君は小学校の低学年の頃からどうも妙なところのある子供で、学校へは行くのだけれども友達とは遊ばず、帰って来るとそのまま天井裏にかくれて出て来なかったりするのです。気になった母親が、或る日、この功君を精神科の病院へ連れて行きましたが、そこでその日告げられた診断結果は、母親として生涯忘れられないショックだったそうです。

「精神病である」

と、はっきり宣告されたその時のおそろしい診断書は、そのまま封をしてタンスの奥にしまいこんでしまったということです。

それからのH家では、なんとか病院には入れないで治せないものかと、ちょっとでも噂を聞けば易者だろうが拝み屋だろうがどこへでも飛んで行ってすがってみました。が、さっぱり治りません。

だんだん成長して来ていた功君は、

「あんな所へ連れて行くなよ」

といやがるようになり、特に荒々しい仕種で祈る祈禱の所は極端に拒否したということです。

この本をここまでお読みになった読者は、もう既によくおわかりのことと思いますが、死者は迷える想いを供養によって解決してもらいたいのに、少しも核心に触れる所に向かおうとせず、見当違いの所ばかり歩くので、憑依した死者が閉口して功君の口を借り、

「あんな所へ連れて行くな」

と、拒否をしたのです。特に荒々しい祈禱は閉口するだけでなく苦痛だったのではないでしょうか。

そして遂に死者たちはH家をリードしました。功君が一体どういうルートで入手したのかいまだにわかりませんが、私の著書を読んで、

「この先生の所へ行ってみるよ」

と、自分で言い出したのだそうです。ご縁の結ばれ方は全く不思議なものです。

Hさん夫婦は、これまでに怪しげな所でさんざん苦労したために、かえって私の話をよく理解なさって、早速供養の日々に入りました。霊視や供養のたびごとに、このH家に起きたさまざまの不思議については、ここでの記述を省略しますが、功君の変化はびっくりするほどのものでした。

やむをえず切りかえていた通信教育から再びもとのように学校へ通えるようにもなりました。ぐんぐん快方に向かったのです。

或る静かな夜のことでした。

両親が、功君たち子供には聞こえないようにこんな会話をかわしました。

これまで一生けんめい遠い所を通って月に何人もご供養して来たおかげで、功もどうやら大分よくなって来たことだし、これからは少し楽をさせてもらって、来月からは月に一人ぐらいか時には休んだりしてのんびりやって行こうよ――

ところがなのです。そんな会話を小さな声でボソボソとした途端に三部屋も離れた功君の部屋からドタンバタンと大変な物音です。

飛んで行くと功君が物を倒したり投げたり大暴れしていて、父親の顔を見るなりこわい表情でにらみつけるように怒鳴りました。

「ちゃんと供養は続けろよ！」

両親の会話が聞こえるはずもない距離なのにどうして話の内容がわかってしまったのでしょう。こうやって叱るような調子で怒鳴ったのは功君自身でないことは明らかです。

死者はいつも身近かな所にいて自分たちを見つめている、だから、心に思えばすぐに通じて反応する。あの世というのは意識の世界・想いの世界なのだと、いつも私から聞いていましたので、びっくりした母親からすぐに私の所へ電話がかかって来ました。

「先生、本当に驚きました。聞こえるはずがないんですけどすぐにわかってしまって、それで怒ってものすごいんです。やはり、ちょっと思っただけでも、小さい声で話しても、みんな聞こえてしまうんですね」

その通りなのです。もうそろそろ供養を終わりにしようと語った心を見てとって、

「冗談じゃない！　私が待っていることを忘れるな。期待して待っているというのに、もうそろそろこの辺でとはあんまりじゃないか」

生きた人間そのままの怒りを、功君の手足や声を使って抗議して来たのです。

死者のあせりはこれだけではおさまらなかったのでしょうか、更に不思議な困ったことが起きてしまいました。

功君のすぐ下の弟に和也君という元気な男の子がありますが、この和也君が、朝の登校時間が来ても起きて来ません。母親がやきもきして呼びに行きました。

が、どうも和也君の様子がいつもと違うのです。口をきこうとしないのか、それとも口がきけないのか、とにかく何も喋らないのです。

「どうしたの？　和ちゃん」

と、肩をつかんでゆさぶっても全然口を開いてはくれません。

仕方なく学校は休ませたのですが、午後になってもう一つ下の弟や姉が帰宅して来ても口をききません。いつもなら口喧嘩でにぎやか過ぎるくらいなのですが、ピタリと押し黙ったままです。

そのうち兄弟同士でとっくみあいの喧嘩を始めましたが、それでもただ苦しそうにウーンウーンとうなるばかりで遂に一言も発しません。

兄の功君がほとんど良くなって来たというのに、なんと、今度は弟の和也君をターゲットに使っての訴えかけを始めたのでしょうか。学校の先生が心配して訪問して来て、

「おいどうしたんだ、H」

と、声をかけて下さってもやはり和也君は返事をしません。が、無言のままふと立ち上がって学校の時間表を持って来ると、音楽の時間のところを先生に指し示すのです。

先生は、和也君の言いたいことがやっと理解することができました。音楽の時間は声が出せなければ歌がうたえない、つまり、自分の意志にかかわりなく声が出せない、だから学校を休んでいると先生に彼なりに伝えたかったのでしょう。

それにしても強烈で、哀れなばかりに直線的な死者の想いの発動ではありませんか。

●「あれほど供養したのに」は通じない

あれほど沢山供養をして来たのだから、もうそろそろと思うご夫婦の気持は、人間である私には痛いほどよくわかります。私もご夫婦と一緒に一人ずつ一人ずつ長い期間一生けんめい供養して来たわけですから、ご夫婦同様に、どうして死者はここまで要求して来るのだろうと、正直いって情け無くつらく思ったりしたこともあります。

しかし、何故どうしてという疑問には一切お構いなく、ここに挙げたH家のようなことは現実にあるのです。このことをどうしても皆さんに知っていただきたいと思います。

これほどの想いでこれほどのことをする死者たちは、なにもH家に限らずどこの家にもおいでであり、ただ表現が定まっていないというだけのことであるということを知っていなければならないのです。

とはいえ、初めがあった以上、終わりがあるのも大自然の法則です。

いつかは必ずすべての死者の安らかな成佛を果たすことができて、そして待っていた結果も見せてもらえます。

毎日のようにこうしたことを体験的に御佛《かみ》からいろいろ教えられながら、私は私の役目としてご縁のできた方々のさまざまな問題に一つ一つ真剣に取り組んでいます。

供養という行為を、物理的に消化して行くつもりでいますと、あと何回ぐらいだろうかとか、いくつやれば終わるのだろうとか、更に、もうこれぐらいで終わってもいいのじゃなかろうかとか、この辺の死者でもう縁つづきという範囲の限界にしてもよかろうとか、とにかく終わりの線引きばかり考えてしまいます。

そしてあと何回終われば多分治るだろう、それまでは頑張ろう――これではまるで「仕事」です。

生物学的に考えればわが身が生をうけるに至った先祖の方々の数というのは無限に近いといえます。無限ならば、全部はとても不可能と理屈では言うことができるでしょう。しかし不可能だからといって供養をやめるわけにはまいりません。

前章の後半にも書きましたが、もう一度申し上げます。

供養という行為を続けているうちに、真の供養の心ができ上がり、そしてでき上がった時が霊障の終わりです。いい話を聞いたり、宗教の勉強を一生けんめいやっても、この心はでき上がりません。ひたすら供養をすることだけしか道はありません。

H家の人々も今この心を御佛《かみ》から教えられている時なのです。一番つらい時かもしれません。しかし、不幸が消え病気が治るようにと始めた供養から、私たちは今生きていることの大きな意義を学び、生きていることの価値を知ることになります。

治ることなど当たり前であり、しかも些細なことでしかありません。

3. 供養できるしあわせ

●縁続きの人を忘れずに生きることが人間の条件

「そんなところまで供養しなけりゃ駄目なんですか」

母親の実家の伯父、つまり母親の兄の供養を指示したところ、こういって目を丸くした人がいました。

何が「そんなところまで」ですか。濃過ぎるほどの血縁の人ではありませんか。

この人の大事な長男がノイローゼで入退院を繰り返しています。若者の将来を思えばこそ供養をすすめているのですが、この人は母親の実家の人を自分が供養することはいけないことだと思いこんでいます。

この人にそう思わせたのは一体誰なのでしょう。いつ何を根拠に教えたのでしょう。こんなことを無批判に思いこんでいるために、長男に異変を起こして注意を喚起されたのです。

父の父、そのまた父という一本線だけが先祖なものですか。その線の何代上は大名だったなどと威張ってみたところで何になりますか。母の母の母の実家が貧しい家であったら先祖だと言わないつもりなのですか。

自殺した身内があると、それをひた隠しにしてこそこそと葬り、以後固く口を閉ざしてしまいます。二代もあとになると、死因どころかその自殺者がかつて生存していたことさえ話題にのぼらず、やがて生きていた証しまで消えうせてしまいます。

何か口実があれば一族の佛事からカットしようとする無情な傾向は、ただ佛事の数を減らして出費を抑えようという因循姑息《いんじゅんこそく》な了見のせいです。

そのホトケは自分が生まれた時にはもう死んでいた人で、会ったこともないのだから自分には関係ない――で済ませて、何がマイホームの幸せですか。何が商売の成功ですか、何が健康な人生ですか。

人間と生まれて来た意味は、自分にとってかけがえのない縁の人々を忘れずに生きることであり、それが人間の資格・条件です。それなのに自分ばかりをすべてに優先させて、肉体世界での物欲充足のみに価値を置いて生きるとどういうことになるか。

御佛《かみ》が、正常の生態から外れた「異常」に歪んだ姿を、きびしい教えとしてはっきりお示しになります。

●戦没者が成佛していない地に真の平和は訪れない

もう六年も前になりますが、私は御佛《かみ》のお言葉が発端となって、新潟県の彌彦神社で昭和三十一年の元旦に事故で亡くなった百二十四人の死者を、一人ずつ供養したことがあります。何ケ月かを要しましたが、すべての方の供養を終えた時、私は御佛《かみ》がこのことを何故私にお命じになったのか、その真意にようやく気付くことができました。

その一つは、たくさんの死者を一括して供養してはならないということを、私が実際に肉体で体験して学べとお示しになったものであり、もう一つは、私の生命ある限り一人でも多くの迷える死者を成佛させるよう努めよというご指示でした。

そんな頃、広島市にいろいろなご縁が急に集中しましたために、初めて広島を訪ねることとなりました。

行ってみて原爆の悲惨さにあらためて圧倒されました。

一瞬のうちに原爆で焼かれてしまったために、いまだに肉体があった時の意識のまま故郷の地にさまよい続けている幾万の死者の想いが偲ばれて、胸が一杯になりました。

これまでの慰霊の行事も、ともすれば政治上の思惑の衝突があったりして、それだけでも大変にお気の毒だった上に、一人一人の名前を呼んでの供養など当然一度もなされていないはずです。

犠牲者たちの痛み・苦しみ・悲しみの想いがいまだに還るべきところを知らず地上にさまよい溢れている以上、今生きている人、更にこれから生まれて来る子供たちに真の平和や安らぎはやって来ません。

原爆犠牲者に限らず今世紀に入ってからでも戦争による非業の死者の数は膨大なものです。

何十万、何百万という死者に対し一人一人の名を読み上げての供養が果たして私の一生の間に成し終えるものかどうかはわからないけれども、とにかく続けてみようと、思えば気の遠くなるほどのことを発心しました。

先ずご縁のできた広島の原爆犠牲者からとその名簿を手に入れようとしたのですが、管理者側が一党一派に偏せずしかも売名に利することのないようにという理由をかざして、おいそれと閲覧もさせてくれません。

私はやむなく時を待とうと腰を据えてかかることにしました。

或る日のこと、時間潰しといった程度の気安さで広島市街の真ん中にある小高い比治山《ひじやま》という山の頂上まで昇ってみました。

そこで私は思わず息をのんだのです。

陸軍墓地という小さな標示のある所を入った静かな一区画に、日清・日露の戦役で若い生命を失った兵士たちの石の墓標がびっしりと積み重なるように並んでいるではありませんか。

あれはもうかなり昔のことだからというそれだけの理由で平然と忘れ去られてしまったかのように、全国各地出身の兵士たちが、そこでこの私を待ち続けていらっしゃったのです。私にはそう思えました。

そうだ、まず原爆より昔に亡くなられたこの方たちからだ。そう思い立っていろいろ手を尽くしましたところ、ここに眠る約五千の魂すべての名を記した名簿も入手できました。

そしてそれから、関西方面から西へ足を伸ばす機会をとらえて、幾度この比治山へ昇ったことでしょう。

昇ってお一人お一人の出身地・官職・氏名を読み上げての供養を続けました。

戦いはすでに遠い昔に終わって、あなたが肉体に受けた戦傷の痛みや苦しみは、肉体とともにその時点で消滅しています。今は魂というもので生きていることを自覚し、どうぞこの世にとらわれの思いを残すことなく、本来の魂の在るべき所で安らかに生き続けて下さいますように――

私なりのやり方で一心にお話しました。そして平成二年十一月二十五日、約五千名の供養をすべて終えて比治山を降りました。

翌三年は、呉の海軍墓地の名簿を手に入れて、こちらの供養を開始しました。目下継続中ですが、折を見てのことですのでなかなか進まず、申し訳なく思ったり、また或る時は予想以上に進捗《しんちょく》したりの毎日です。戦没者すべてとなると、一生かかっても果たして終えられるかどうかわかりませんが、こうした供養も私の当然の務めであると思っています。

●供養の心は大自然の動きに調和している

死を自覚できぬまま死の直前の思いのまま生きている魂が、この世にどんな波動を送って来るものか、もう既に充分ご理解なさったことと思います。そして、供養こそがそうした魂に正しく応えられる行為であることもよくおわかりになりました。

次は、このように供養ができるという境遇にある自分は、なんという果報者かと喜べるほどに、供養を日常の当たり前の行為にしてしまって下さい。

死者たちはそのことを望んであなたに苦難を与えましたが、しかし、それによって人間の正しい生き方を学べたのですから、事実あなたはとても幸せな人なのです。

同じ血縁の中でもほかの人ではやってもらえない、あなたならきっとわかってやってくれる、供養ができる人であると選ばれたのです。文句を言っても逃げ回っても無駄というもので、あなたは供養をするために生まれて来た人だったのです。

あなただからこの本をこの頁まで読んでいます。そして供養の心を自分の中に作ろうとしておいでです。死者たちも御佛《かみ》もそんなことを最初からよくわかって働きかけています。あなたの息子や娘が胎内に宿った時から、この子によってあなたに気付いてもらおうと決めていました。

だから子供は大病をしたり怪我をしたりしてあなたを随時苦しめます。が、医者がサジを投げてもこの子供が死ぬことはありません。死んでしまったらあなたを学ばせることができなくなるからです。

子供が病むことはあなたへのアッピールです。避けていては解決になりません。死者からの訴えを哀れにも思ってあげて、しっかりと受けとめてやって下さい。あなたに的をしぼって頼って来ているのですから――

あなたが優しい心を誰よりも持っていることを、死者たちは昔からちゃんとお見通しなのです。あなたならきっと想いを受けとめて供養を実行してくれることも、ほかの人間では手間取るばかりで駄目なことも、すべてはっきりと承知していらっしゃるのです。

選ばれたためにあなたは何故か自然な流れによって供養をすることになります。そして供養をすればするほど高い境地にまで自分の魂を磨くことになり、この世で肉体によって学べる最大の修行が果たせます。

つまり、本当に人間としてこんな幸せがあるだろうかと、身の果報が実感できて御佛《かみ》にも死者たちにも人間にも、そして万物のすべてに感謝する満ち足りた日々が送れるようになるのです。

私の所へお見えになっていてこの境地に達した方々はもう何人もおられます。その方々は、そもそもの入り口であった苦しみや悩みがすっかり解消してしまった今でもなお供養を続けていらっしゃいます。

息子や娘や夫の精神病がすっかり治ってしまった今でも、まだまだ終わっていない縁者が残っているからと続けています。

「おそらく全部終わるのと私の一生が終わるのと競争ではないでしょうか」

と、笑いながら一生かけてやって行く決意を示す表情には一点の曇りもありません。

私は冗談のようにこう言いました。

「あなたぐらいたくさん供養すると、死んで向こうへ行った時に、見たこともないたくさんの人からニコニコ声をかけられて供養のお礼を言われるかもしれませんよ」

顔も見たことのない祖母の叔母とか、幼い時に亡くなった兄とかが、きっと挨拶して来るはずです。

「もしそうだったらそんな嬉しいことが他にあるでしょうか。生きていること自体が幸せで幸せでたまらない気持です」

本当に幸せそうな顔でした。

このような境地を法悦というのでしょうか、金儲けのための一生かけての念願では、決してこれほどの喜びが味わえないのですから不思議なものです。

そもそも苦しみがあったからこそ人の情を知り、そしてこの幸せを得るご縁がいただけたのだと、美しい感謝の気持で毎日を明るく健康的に生活していらっしゃる方々の素晴らしさは本当にまばゆいくらいです。

人間が生きて行く上での第一番の法則である供養の心に裏打ちされた生活は、大自然の動きに反せず抗せずみごとに調和して行きますので、衣食住などという物質的・経済的生活が順調に回転して行くのは当然過ぎることなのです。

もし逆にお金お金とそれだけで毎日を暮らしていますと、この大法則と反対の流れに向かって舟を漕いでいるようなもので、すべてがぎくしゃくと逆方向に向かって作動し始めます。どたばた嘆いたり、あちこち拝んで歩いても少しもよくなりません。御佛《かみ》は、そこで助けてしまったら本当の救いにならないことをちゃんとお考えになっておいでです。

供養を通じて本当のものを体得し、そして大法則の流れに戻って正しく暮らす以外に道はありません。

ちっぽけな人間が、多少の学問をしたというようなことぐらいでは、何一つ御佛《かみ》・宇宙の真理を知ることができないのだと、まず自分の非力さをわきまえるのが第一歩です。

この一歩が踏み出せなければ、精神病はもちろんのこと、あらゆる悪い波動は残念ながら絶対に消えません。

第九章

天地自然の大法則に生きる

1. 御佛《かみ》の心から外れたまま

●誰かにしわ寄せのいく暮らしをしていないか

人間が目先の欲望を充足させることだけに生きて来た結果、大切な地球環境が今無残に破壊されて行っています。そして、人間そのものが滅亡に向かって滑り落ち始めています。なんという愚かなことでしょう。

宇宙、地球、大自然は、人間の手で動かすことができない偉大なもの、すなわち御佛《かみ》そのものです。この世のあらゆる現象や人間の行動には、大自然によって正しく定められた厳然たる法則、きまり、道といったものがあって、それはそのまま御佛《かみ》の御心と全く同じものなのです。

それなのに私たち人間はこの法則に逆らって無理に反対のことをしてみたり、平気で道から外れて歩きたがります。

平凡な日常生活でもそうです。

この世に在るのは自分一人だけではなく、父母や兄弟姉妹をはじめ、夫・妻・師・友、更に生活の中で関わり合うたくさんの人々のおかげで一緒に毎日を過ごしていますが、それなのに、その人々への感謝を忘れ、自分の目先の利得に役立たないとなれば悪口を言ったり、敵対したりします。他人があって自分が生きていられるのだと、心からの感謝の気持で毎日を暮らしている人が果たして何人いるでしょう。

自分勝手な心、いつも自分が楽で優位にあるためには他人は犠牲になってもやむを得ないという心が、結局は天地大自然の法則・道にそむく行動を平気でとらせてしまいます。

離婚。親への反抗。子を殺す。自殺する。すべて自分中心の心から出た行為です。

死んだ者にもう用はない、関係ないとばかりに幼い頃亡くなった兄弟姉妹を完全に忘れ去ってしまう。先妻に嫉妬して一切を無視する。先妻の子を虐待し、追い出してしまう。先妻の子が後妻を追い出してしまう。事故死の人を見栄や功利的判断から隠し通して、とうとう忘れてしまう。本家・実家のことは向こうでやるべきで自分は知らん顔。間違った宗教に迷いこんで法則違反の滅茶苦茶をする。

まだまだあります。

本来一緒に住んで世話をすべき年老いた親を、嫁の主張に従って独り暮らしにしてしまっている。

家庭内の伝統的な正しい序列を乱して、勝手放題をしている。

孫までできたのに、姑がまだ家事を次代に渡さないでいる。

経済的・法律的な利益や不利益だけを考えて、平気で籍を抜いたり入れたり、別居したり同居したりする。

こんな風に、常識をねじ曲げた無理な形や、誰かがしわ寄せを喰って泣いていなくてはならないような形のために、結局、自分も家族も心が不安定にもつれた暮らしをすることとなり、天地の自然な動きに逆行する不調和な乱れを生んでしまいます。

この乱れがすぐさま乱れた現象を起こしますが、その原因を作った人間が生きている間に乱れを整えることなく、肉体を終えてしまいますと、子孫に問題をおよぼすことになります。

このパターンが実に多いのです。つまり、親や祖父母、曽祖父母、更にその周辺の血縁者の中の何人かが、連鎖的・複合的に違反を重ねていたために、代々の死者が今にいたるまで反省と後悔に苦しみ地上をさまようことになってしまっています。

この哀れな死者たちが、生きている子孫の私たちに切々と訴えて来るのが霊障であることは、もう充分ご理解いただけたところと思いますが、哀れな死者たちは、血縁の先祖なればこそ自分たちの反省をこめて、子孫に警告を発しているのではないでしょうか。

「生きている間に、変なこと・無理なこと・強引なことを決してするのではないよ。ちゃんと正しい法則に合ったことをやって来い。さもないと死んでから苦しくて大変だぞ」

と——

本当に私にはどこの家の死者も、みんなこう言っているように思えてなりません。

●離婚しても消えない先妻と先夫の縁

大阪にお住まいのAさんご一家のことです。

ご夫妻で気を揃えて熱心に、そして根気よく霊視を繰り返しては供養を続け、ようやく嬉しい変化を見るに至った事例の一つなのですが、霊視や供養に取り組む姿勢として大変参考になるものが含まれているように思われますので、敢えて紹介させていただきます。

次男の息子さんが、大学二年の頃から父親に対して強い反抗の態度を見せるようになったのが始まりでした。

結局一年間休学してなんとか形だけは卒業できたのですが、以後ずっと家に閉じこもったままで、社会とは完全に絶縁状態です。就職など思いもよりません。

昼間は自室に寝たきりで食事もろくにとらず、夜になると、起き出し、人が寝こむ十時十一時頃から家の中を動き回ります。親の部屋へ入って来てガタピシと戸をあけしめしたり、荒っぽい動作を続けるのでちょっと注意すると大暴れするといった具合で、とても我が子とは思えない有様だったようです。

更に、娘さんの方にも精神の異常が見られるようになり、夫妻はまさに途方にくれたのでした。

私とのご縁ができたAさん夫妻は、霊視から供養へと実に素直に入って行けましたが、夫妻はこれまでにいくつもの宗教や霊能者を回り歩くという体験を済ませておいでだったので、それで、ただ祈ってもらうようなことで解決する問題ではないことをよくご存じでした。

最初の霊視で的確にご主人の祖父と特定できたこともあって、夫妻は次々に供養をしてはまた霊視というように、熱心に続けて行きました。息子さんと娘さんの異常が目に見えて薄らいで行くのを、身近に体験したので一層励みも出たのでしょう、霊視内容の入ったテープを二人で何度も何度も聞いては死者たちの調べを真剣に進めて行きました。

或る時の霊視にこんなのがありました。

一人の男がタライとも桶とも見える器の中で、女物らしい着物をゴシゴシと洗っている。そしてその男は何故か涙を流している——といったまことに妙な光景でした。

この霊視の意味するものの解釈には特に苦労されたらしく、テープを夫妻で十回も繰り返し聴いたようですが、さっぱり見当がつかないので、ほとほと困っておいででした。

が、やがてご主人の先妻の家系の方ではなかろうかということになりました。

実はAさんの先妻さんというのは、かなり昔に別れたのですが、今も元気に他所で暮らしています。Aさんは、ここでなかなか普通ではできない努力をみごとになさいました。

先妻さんに思い切って手紙を出したのです。現在の困っている状況や霊視というものの説明をした上で、例の霊視の妙な光景につき、何か思い当たることがもしあったら知らせてほしいと、昔に別れた先妻に聞いたわけですから、さぞ大変でしたでしょう。

まず一つの驚きは先妻さんからキチンと返事が来たことでした。しかも、霊視の内容に思い当たることがあると答えるものだったのです。

先妻B子さんの母親であるヨネさんが肺結核で突然に喀血した時、父親の彦次郎さんが泣きながら妻の血で汚れた着物を洗っていた姿が、まだ幼かったB子さんの脳裏に焼き付いているというのです。

Aさんはこの手紙を受けとった時に、本当にショッキングで、しかも不思議な優しさに感動もしたと述懐していらっしゃいました。

Aさんは B子さんとの間に子供が二人もあったのですが、それなりの事情から協議離婚し、その後、今の奥さんと一緒になって、今問題となっている子供たちが生まれたわけです。離婚してしまえば法律的には他人になったのかもしれませんが、もう全く関係のないアカの他人と心の中までそのように扱ってしまうのは、天地の大法則の中では明らかに間違いなのでした。

どんな形であろうが、夫婦となった縁というものは人間の誕生という法則同様の厳然としたものであって、偶然に夫婦となったものではありません。たしかにこの世ではままならぬことをたくさん体験させられます。ですから離婚という行為も仕方がないのかもしれませんが、離婚とは、本来、勝手な行為です。

心が別々の者同士で夫婦となるのですから、うまく行かないのが自然で、それだからこそ心の修行となるのです。別れてしまえば何もかも無縁となると考えるのは、人間世界のことで、既に死者となっているB子さんの父親や母親が、離婚してしまった娘を思う気持ひとつを考えてみても、なるほど消え去って無になってしまうような縁ではないことがよくわかるはずです。先妻とか先夫の供養が大切なことはもちろんですが、その際には必ずその両親に対してもよくお詫びするという心が大事です。それほど深くて濃いのが先妻・先夫との縁なのです。

しかし、それにしても霊視内容についての問合わせをしたAさんも、させたAさんの奥さんも、そして応えた先妻のB子さんも、三人そろって素直で綺麗な気持だったのがなんとも嬉しい限りです。息子さん娘さんの全治ももう時間の問題です。

●大自然の法則は供養から学ばされる

先日ひさしぶりに若いSさんご夫妻が揃って訪ねてみえました。

お二人の間には坊やが一人あるのですが、生まれてすぐの奇病で意識の反応が弱まり、今も両親のどちらかに抱かれたままでいます。幼いのに植物人間のようで本当に可哀想です。しばらく雑談ののちに奥さんがこんなことを言い始めました。

「先生。この間の霊視、全然わからないんです。どうも私には関係ないみたいで……」

「関係ないなんていうことがあるだろうか」

「でも、主人の方にいくらか縁のある人じゃないかと……」

「どういうことです」

「つまり、実を申しますと、この主人には前の奥さんがありまして、そして、その人のお父さんというのが、どうも霊視に出て来た人とそっくり同じなんです」

「何ですって？　前の奥さんの父親？」

「そうです」

「あんた、どうしてそれを自分に関係のない人だっていうの」

私は語気を荒らげました。

「あなたが後妻なら、ご主人に関係のある先妻はあなたと深いご縁の人じゃありませんか。その人が居なくなったから、あなたはご主人と一緒になれたんでしょう。そのことをよく考えてみなさい」

いつもいつも自分だけが大切で自分以外の人の思いなど全く無関係無神経に生きていて、それでいいのでしょうか。話を聞けば先妻はご主人との間の子を一人連れて別れて行ったようでもあります。

昔から先妻の供養が欠けたり先妻の子供を粗末にしたりすると、きまって後妻が苦しむ結果を見ると聞いています。その通りです。というより当然のことです。

抱かれたまま無表情でいる病んだ幼い子は、口では両親に何も訴えられないけれども、御佛《かみ》が今、大切なことをこの若い夫婦に教えて下さっているのです。

障りを受けているとかいった類いのことではありません。人間としてどんな心で一生を生きるべきなのか、大きな法則を踏みはずした生き方についての反省を促しておいでなのです。私は怒るのをやめて、法則について二人に一生けんめい説きました。

先妻というものをすぐに忘れ去ってしまうのは昔の悪い因習とばかり思っていましたのに、昔どころか今の若い世代でも同じように先妻をもう全く縁の切れた人として扱っているのを知って、嘆きを通り越してなんだか大変物悲しい気分の一日となりました。

自分で勝手な結論を作って、それを勝手に伝えて来て、また次の世代へと伝えて行った末はどうなるのでしょう。地上は苦しみに満ちて生きているうちからの地獄です。

たった一つの小さな家庭を営むだけの日常的な暮らしの中にも、こうした不自然で無理の多い姿が目につき過ぎます。そしてきまってそうした家庭に病気や怪我や不振といった乱調がまき起こっていて、事態はますますギクシャクと悪化し手がつけられないような状態にまで陥っていることがほとんどです。

それでいて「自分は全く不運なことに、悪魔か悪霊の犠牲になってしまっている」と、まだ被害者意識ばかりで、自分に原因があるのでは——という反省の出発点にも立てないでいます。

これでは浮かび上がるための、正しい法則への復帰はできません。

間違いだらけの不自然な暮らし方を正さない限り、何を祈ろうが何を拝もうが通じる御佛《かみ》は絶対にありません。

御佛《かみ》がすなわち法則・摂理なのですから、その法則・摂理に沿った素直な無理のない生き方に改めない以上、御佛《かみ》を求めて何をしようが全くの無駄というものです。

供養も同じことです。

この世での生き方を間違っていては、どんなに数多く供養をしてもそれが全く供養にならないのです。空振りに近いのです。

まず何よりも日常の生活を大法則にのっとった正しいものに整えることです。この正しい法則に沿って暮らせば、悪い現象が作用して来るための条件と場ができにくいので心安らかな日々が連続します。

正しい法則にのっとった暮らしとは、自分勝手な逆回転のようなことをしないで、すべてに感謝する暮らしですが、こうした心を作るためにも、また、こうした暮らしの根源を知るためにも、供養をするということが一番の基本であり、近道です。

それほど供養とは、天地大自然の御佛《かみ》の御心にかなったもので、大法則の集約された最も正しい行為なのです。

供養によって私達は法則を学び、正しい暮らし方から足を踏みはずすこともなくなります。

このように、供養によって今を生きる道を正しく見つめるようになることこそが、佛教の実践であり、そしてまた、真の宗教とは、学問や理屈以前に、まず、このことをいうものなのです。

2.「不思議」の体験は御佛《かみ》の教え

●差別は生命を尊ぶ心で無くなる

頑固でどうしようもなかったお爺さんが、年をとるに従って次第に無邪気になって来て、「やはり子供にかえるというけど本当だ」などと、よくささやかれたりします。

いよいよあの世へ還る時が近づくと、やっと自分の肉体にまつわる諸々《もろもろ》のことへの執着やこだわりが消えて行きます。それでも完全に無垢《むく》な幼な子のような素直な心には、人間おいそれと戻れないもののようで、全く情けないことです。

誰でも片言の言葉を覚えてヨチヨチ歩きするあのような幼い頃があったはずだし、美しいばかりの素直な心も持っていたはずです。

今、成功して立派な地位にあり、財産も持ち、そして、人の上に立って人に教えているような立場にある人でも、この世に生まれて来た時は赤ん坊の姿で、ただ親の大きな愛の庇護のおかげで生きていました。

それなのに年令を重ねるに従って、学んだことも多かった反面、自分がどんどん偉くなって自力で高所へ昇って来たような気になって、自分の勝手な恣意《しい》的な考えも、屁理屈をくっつけて押し通します。そんなことばかり続けているうちに、自分はいつも正しいことをしているような錯覚に陥ります。

すると、思いやりの気持がすっかり消えて、高みに立った、えらそうな態度ばかりとなります。まことに醜い姿というべきです。

こうした人に出会いますと、私は特に熱をいれてこんな話をします。

「この世に自分が人間として生まれて来るということを、あなたは知っていましたか。知っていなかったでしょう。それなのに、この世のことを全部隅から隅までわかっているようなことを言うのはどうしてですか。虫や獣ではなく人間としてこの世に生まれて来る保証もなかったのに、よく人間に生まれたと不思議に思って、そのことを感謝したことがありますか。自分を人間にしてくれた何か大きなものの存在を知ったら、あまりえらそうなことも言えないはずですよ」

もちろん私だって愚かな人間ですから、この言葉をそのまま私に言わなければならないような暮らしもしました。が、たくさんの体験の後にようやく気がつかせていただいたことなのです。

人間同士の中で理不尽な差別をするということは、世の中の人のいわゆる理性や教養が高まれば自然に無くなって行くと思いますが、虫のような小動物や植物にも人間と同じ生命もあればその尊厳もあるということを、人間はまるで考えていません。

他の生あるものへの思いやりの欠如をつくづくと実感したのは、私にしても恥かしいことにごく最近のことでした。

一昨年の秋から私の寺の霊園工事が始まり、そのための開発が進んで現場の小高い山や谷が大きく削られて行きました。日一日と工事の進行に従って姿を変えて行く現場に立った私の心に、或る日突然大きな衝撃のような思いが走ったのです。

ブルドーザーで押し倒され、くだかれてしまった樹木たちの無残な姿。掘りかえされ陽にさらされて、枯死してしまった木々の根。昨日まで青々と生きていた緑の葉や小枝の千々に散乱した残骸。そして、それらの木々を安らぎの住み家としていたさまざまな小動物たちは、突然の破壊に今どうしているのだろう、生活環境の急変によって生命を失ってしまったのではなかろうか。

この山を破壊したのは誰でもないこの私ではないか。

霊園をはじめ人々の心の勉強のための建物を建設することの意義は確かに大きいけれども、その意義を前面に押し立てた理屈が、これら生命を失った生きものたちに対する免罪符《めんざいふ》となり得るのか。人間のこの私の都合である計画によって、この世にともに生命を与えられていた山の生物たちに何ということをしてしまったのだろう。

思わず悔悟《かいご》の涙が溢れて来てしまい、夢中で詫びました。

人間と生まれて来たのを当然と思っていた自分に、本当に私自身気がついたのはこの時といってもよいのではないでしょうか。

●御佛《かみ》は「不思議なこと」を見せて我々に何を言いたいのか

ところで、この工事現場の山では、随分いろいろな不思議な体験をさせていただいております。

私は右のようなことがあってから、折をみては夜晩《おそ》く一人で小高い所まで昇って樹木や動物たちにお詫びをするとともに、天地大自然である御佛《かみ》への感謝を言葉にして述べておりますが、夜空に輝く月や無数の星々を見上げていますと、あらためて大自然の法則のもとに生まれ出て来て今生きている人間の小ささに思いがいたります。

ちっぽけな人間がこの大いなる法則からはずれて生きて行けるわけがありません。

さて、この山に立ちますと、本当にびっくりするばかりですが、何度も何度もまるで大きな花火が火を吹きながら落ちて来るように天から星が降って来るのです。尾を引いて流星のように真っすぐ、しかもややゆっくり走って来ます。

更に不思議なのは、この現象はいつもきまって康照《こうしょう》という若い僧を連れて山に上った時だけそれが見えるということでした。康照は僧となるべく大学を出てから本山で十年に及ぶ修行をしたのち、私との縁ができて、甥の玄宗とともに何かと寺の手助けをしてくれている青年です。

最初は一昨年の暮れでした。まだ樹木も生い繁っている頃です。深夜、二人で昇りますと、突然に暗い夜空に、スーッスーッと音もなく七つの流星が飛びかかったのです。

この山はおかしい、今のは何だ、初めてあんなのを見た。

康照も私もびっくりしてしばらくたたずんだままでした。

それからです。何故か彼と同行する時だけに限って、天空から光り輝く星がスーッと落ちて来て消えるのです。行く度に必ずです。不思議な現象というものをひと様より多く見せられて来ている私ですが、何度もくりかえし起きたこの現象には、私もあらためて感動させられました。もちろん初めは何かの火が偶然に見えたのだろうという人間らしい解釈をしていたのですが、康照と行くたびに七回も八回も見せられますと、これはもう偶然などというものではないことに気がついて来ました。

私は彼に言いました。

「私一人で来る時には星は流れも落ちもしない。これは康照に、信じるという一番大切な心への出合いをさせて下さっているんだよ」

死者の魂の生存を信じ、素直に自分が僧としてこれからをどう生きるべきかを思索しはじめた彼をごらんになった御佛《かみ》が、人間などの考えの及ばない不思議なことというものがちゃんと存在するのだということを、あらためて彼に教えて下さったものに違いありません。

「人間なんてちっぽけだよ。素直に大自然の法則を知ったらそのように生きなさい――そう御《か》佛《み》が教えて下さっているんだよ」

私が説明するまでもなく、彼はこの体験から大きなものを学びとりました。

私がここでこんなお話をしたのには、それなりに少々理由があります。

こうしたこの世では理屈のつかない不思議なことというのは、大袈裟ではなく毎日のように私は体験しています。

噴火とか天変地異、大事故などの予知をはじめ、突然に来訪する人が事前にわかったりするような身近かな不思議まで、あらためて驚くようなことが、本当に毎日数限りなく続いています。もちろん、最大の不思議は、毎晩視せられる霊視です。その中での鮮明な風景・人物の姿・言葉・働く姿や道具・家族・人名地名等々が、その縁者の記憶や現実の姿にぴったりと符合し、一致しているということです。

私の場合、前に詳述しましたように、この霊視が御佛《かみ》のなさることである証拠に、必ず供養に結びついて行きます。供養によって結果としてその一家には心の春が訪れます。

つまり、不思議は、みごとに機能して一つの無駄もありません。

近頃よく耳にする心霊治療とかいうものも、本来は治るという不思議を通じて、その体験者に死者が生きていることを素直に信じさせるための宏遠な御佛《かみ》の一つの手段と私は思うのですが、治療する人もされる人も、そのことに気付いていないように思われます。

第七章・心の中の迷い道「正しくない道を歩かされる」の項で、掌をかざすような療法を不用意に面白がってやらないようにとお話しましたが、そこでも少し触れたように、何故か心霊治療なるものでは、難病が完治するほどの効果が出たかと思うと、軽症なのにさっぱり治らないということがあるそうです。治る場合はともかく、治らなかった場合には治療家は何か別の医学的要件の影響と考え、患者は単に不運だったと思い、それで双方がなんとなく納得しています。

しかし、心霊治療というものが仮りに格別の力の無いものだったとしても、不思議を信じ大法則に目覚める人の難病は驚異的に治り、反対に、不思議を体験させても、その段階でまだ霊的な世界の真理にはとても気付きそうもない人は駄目という結果が出たのではないでしょうか。

私は、心霊治療というものも、このように御佛《かみ》が設けられた教育の場のように思えてなりません。

ところが、往々にして治療家の中には、自分が御佛《かみ》から人を助ける役目をいただいていることに気付かず、自分の施術がそのまま大事な宗教真理のようにふるまう人がいます。こうした人は治ったり治らなかったりの現実に首をひねって、必死に科学的根拠を探すのですが、さっぱり見えず、それで余計に困ってしまうようです。また患者側も、よく拝まなかったから治らなかったというレベルでとらえますので、なんとも妙な具合になります。

治ったり治らなかったりするのは、一人一人に合わせての御佛《かみ》のお考えによるものです。

この世には、人間の知恵ではとても説明できない不思議なことがたくさん起きます。そういう不思議な、よくわからないことがあって当たり前なのです。わからないことがあってはならないと、いろいろ分析してみたところで、わからないことはわかりません。ですから、素直に不思議を受けいれることです。

天地の大法則のもとでの人間とは、その程度の小さなものです。

霊視の不思議さでも明らかなように、信ずるという素直な心だけが御佛《かみ》に感応します。

すると、常識ではとても考えられない不思議や奇蹟を体験させていただけることがありますが、それこそ御佛《かみ》からの教えです。

御佛《かみ》の道・法則に正しく沿った生活をしていれば、普通の肉体故障である病気の際にも正しい医療とちゃんとめぐり合えて、そして無事に治ります。

うろうろ余計なことをせずに、信ずるという素直な心一つあればそれでいいのです。

3．たかが人間の知恵

●精神病院はどんどん姿を消している

ところが、頭で考えたことだけを信じて、目に見えない世界のこととなると全く信じようとしない人たちが呆れるほど多いのです。

アメリカでは十年ほど前のギャラップ社という所の調査によると、六十七パーセントの人が、ちゃんと死後の生存を信じているそうです。つまり欧米では、人間は死んだのちも、肉体を離れた或るエネルギーで生きていて、それがこの世に作用して来ることはもう一つの常識となっているようなのです。その証拠のように、イギリスではいわゆる精神病院はどんどん姿を消して行っているということです。これまでの対処の仕方、つまり、肉体面での治療を行うべき対象ではないということが衆知のこととなりつつあるのでしょう。

日本ではなかなかこうした頭の切り換えに時間がかかります。明治維新の際の新文明のとり入れ方が、最も正しいとされたきりのまま、自分の科学的思考乃至《ないし》は研究学習こそが唯一の真理への道と、かたくなにしがみついています。

思い切って頑固にこりかたまったものを一旦消去して、新鮮な風を頭の中にとりこんでみましょう。頑固な自我の束縛から自分を解放して、不思議なことというのがこの世には当然のようにたくさんあるのだということだけでも、まず素直に信じましょう。

私が霊視の中で見せられる内容や、また、時折、霊言という形の言葉を使って教えてこられるメッセージなどを、皆さんと一緒に共通体験できたら、私が千万言を用いて説明せずともご理解いただけるのに——と、もどかしい思いをするほどに確かなものなのです。

寸分の狂いもない真理であり、人間の知恵など足もとにも及びません。愚かな私ですので、すぐには理解できず、半年も先になってからズバリ霊視と合致する現象にぶつかって、声を挙げてしまうほどびっくりします。御佛《かみ》の導きの御意志を感じて身がふるえます。

が、今までに、ただの一度もどうすればお金が儲かるとか病気が治るとか、そうした都合のいいことは何一つ教えて下さいません。今この体験をせよとおっしゃるかのように、むしろ、つらいことをお命じになるのです。

過去に、私が間違った道へ走ってしまった時でも、それが私にとって必要な体験であるとお考えになれば、御佛《かみ》はそこから私を拾い上げて下さいません。いろいろ指示して下されば私の苦労も少しで済んだでしょうに、御佛《かみ》は終始無言で私を眺めておいででした。

ですから私は失敗の連続で、それこそ文字通り完膚《かんぷ》なきまでに打ちのめされました。困った時の神だのみに都合よく応じて下さって、いくつかの奇蹟を見せて下さっていたら、私は失敗もせず、事業は大成功をおさめていたかもしれません。が、お金は儲けることができても、それ故に一層迷って、本当のものをついにいまだに知ることもなく、ただもがき続けているであろうと容易に想像できます。

迷いに迷って、そして死んで、地上への執着にとらわれた私は、成佛できないままに私の子供、更にはやがてできるであろう孫の身を目標として霊障を作る死者となってしまうでしょう。

子や孫は、やがて、死者の私に気付いて供養はしてくれるでしょうが、私はなんという哀れで情けない死者であることか。そんな死後を私は迎えたくありません。

●御佛《かみ》に使われている私

この世は不公平ばかりだと嘆いたり怒ったりするばかりだった私が、今は、不公平だからこそ人間が磨ける、不平等で不条理な世間こそ人間の修行の場なのだとようやく考えられるようになりました。

ふりかえってみますと、私は随分と不思議な体験をさせられています。

寺の子に生まれ、御佛《かみ》を畏れ信じて育ちましたが、長じても御佛《かみ》は災難や苦しみからいち早く救い上げて下さるものと思い続けていました。ところが事業に行き詰まると、救いの手が差しのべられるどころか、どんどん坂道を転げ落ちて行くだけです。助けて下さいと必死に念じても、御佛《かみ》は無言のまま何一つして下さいません。どうしてなんだ何故だと天に向かって文句を言い続ける毎日でした。そして遂に、絶望的な状況に追いこまれたのです。

落ちるところまで落ちきった私を待っていたのは自殺への暗い誘惑でした。カミソリの刃を手首に当てた瞬間、何がどうしたのか目の前の壁面に恐ろしい形相の人間の顔がいくつも浮んで並んだのです。

こわいと思う恐怖心から私は我にかえりました。愚かでどうしようもない私の自殺を中断させた大きな力が何であったか。今の私にはよくわかります。私の肉体を存続させ、私をお使いなってなさるべきことが、御佛《かみ》のご計画の中に既に決められていたのでしょうか。

私よりはるかに僧として立派に道を進める資質に恵まれていた兄・玄道の突然の死も、思えば、あってはならないことだったはずです。

そして、新潟県の不動尊の本堂が、父や兄の歩んだ道を継ごうという私の誓いの直後に、まるでそれに応えてくれたように深夜私の目前で赤々と燃え上がってみせた不思議な体験も、今思えば一つ一つ私に何かを気付かせる大きな力の作用だったと思います。その証拠にこうした体験が私のそれからの人生の一大転機になっているのです。

それまでの自己中心の金銭優先の暮らしの間違いに翻然と目醒めました。そして、人のため世のために自分を犠牲にして生き抜いた父の生きざまが、そのまま私の手本のように輝いて思い起こされたのです。

私の新しい出発でした。

御佛《かみ》は、一歩一歩と進む私の足許を、いつも正しい光で指し示して下さいました。人生の大事な節目節目には、必ず貴重な教えを体験として私に与えて下さっています。おかげで道をあやまることなく、歩みは遅くとも正しく前に進ませていただいております。

今思いますと、絶望と兄の死という、先が全く見えなくなったどん底で、御佛《かみ》に甘え、御佛《かみ》に期待するばかりの心を投げ捨て、もう御佛《かみ》には助けてもらおうなどと祈るまいと決意した時から、霊的世界が一気に私の目の前に開けて行ったのを忘れることはできません。私が通常は不可能とされるような苛酷な肉体行を一心にやり遂げたから、それで御佛《かみ》から特別な力を頂戴できたとかいうようなものでは決してありません。ごく自然に、何かの力が私を使い始めたようなのです。

そしてそれからは、それこそ一段一段と、私は不可視の世界へ足を踏み入れて行くのが自分でもよくわかりました。一段一段というのはつまりこういうことです。私のいろいろな試行錯誤に合わせて、

「今ならばそう思っているがいい」

と、その段階なりの力を与えて下さり、そしてそれなりの働きをさせて下さるのです。が、やはり矛盾に突き当たる時がやって来ます。すると、一段階段を上がったように急に目の前が広々と開けて行くのです。

霊的なものがはっきりと私の内に作動し始めた時のことを今思い出してみますと、不思議という表現がぴったりの現象面優先のものばかりで、今のように天地大自然の摂理・法則について教えて来て下さるものとは随分隔たりがあったように思えます。

しかし、当時は当時で、不思議な現象を見せていただくことで先ずそうした不思議があるという事実を信じさせていただけたのは、本当に大きな第一歩でした。

愚かな私が遅れず迷わずついて行けるように、この段階ではこれ、次のステップへ進めば次というように、私に合わせた体験を順々に与えて下さるご配慮は御佛《かみ》にしてはじめて可能なことです。

私は僧侶になるとすぐに肉体的な修行として滝行をえらびました。寒い時などなかなかきついものです。が、苦痛を超越する時に御佛《かみ》のお力が得られ、そして人を救う技も合わせて手に入るのではないかと、毎夜十一時に滝に入りました。厳寒の季節にも一日も欠かさずに続けました。結果的には八年間続けてやめることになりましたが、この滝行を続けている時には、それなりの充足感があったことは確かです。

その頃は、病人が危篤だという知らせがあればすぐに滝壺にとびこんで回復を一心不乱に祈りました。何か滝の中に御佛《かみ》がいるような気がして、そこを御佛《かみ》と出会える場所と思っていたのかもしれません。今にして思えば無意味な努力だったとも言えますが、その時の私としてはもちろん一生けんめいでした。

その頃の私の霊感というか霊能力というものは、実に明快でしかもシャープでした。電話で相談して来られた人が今どんな様子で電話をかけているのかなど、はっきりと見えたものです。五百キロも離れた遠方でも即座に情景が見えるのです。

「あなたの家では、誰かがこれこれの状景の岩の上に、御佛《かみ》さまのお許しも得ずに小屋を建てたでしょう」

などと、今思えば怒る御佛《かみ》さまなどいるはずもないのに、私にはそう見えたので、

「だからきっと御佛《かみ》さまが怒っていらっしゃいます」

などとそのまま答えたこともあります。

また、行方不明になっている人が、今どの辺りを歩いているとか、吊り橋を渡った向こう側の道の、砂がいっぱいある場所で既に死んでいるとか、即座に答えて、しかも事実その通りであったというようなことばかりでした。

ところが、そのように的中する自分の霊能力に私はすぐに疑問を抱き始めたのでした。

「確かに当たった。その通りだった」

と、びっくりして感心してはいただいても、それでその家が栄えるようになるということでもありません。一時的にいい変化を見ることがあっても、相変わらず病気が絶えないとか、しばらくして子供が事故を起こしたとかいう悪いことが聞こえて来ます。

私は悩みました。

人に見えないものが、不思議なことに自分には確かに見える。なのに、こんな素晴らしい力なのに、少しも人さまのお役に立っていないではないか。見えるだけの力で、人を助けるまで

の力になっていないではないか――と。

病気が全快したという嬉しい結果を見せていただけたことも全く無かったわけではありませんが、それとてその当時は、まだ限られた数の人だけでした。どうして私とご縁のできた方すべてをお救いすることができないのだろう、霊感というこの能力は一体何のために御佛《かみ》が与えて下さったのだろうと悩みました。

ちょうどそんな頃、とても親しくしていて何かとお世話になっていた信者さんが、家庭内の問題で悩んだ末に自殺するという事件が起きました。

夜中の一時頃の電話で、服毒して今病院に運ばれたという知らせです。私はすぐ裸になって、庭に作ってある滝に入りました。

一時快方に向かう状況もありましたが、未明にはいよいよ危篤という連絡です。私はまた滝にとびこんで、どうか生命をとりとめていただきたいと御佛《かみ》に一心に祈りました。

今思い出しても、苦しくて、そしてつらい滝行でした。が、残念なことに文字通り祈りも空しく、その人は絶命してしまったのです。

私のショックは測りしれないほど大きなものでした。あれだけ一心に祈ったのに、御佛《かみ》は何の助けもしてくれなかった。人一人の生命を助けることができない祈りが何だ。霊能力が何なのだ――

実家の寺とは別に自分で興してやって来た福浄院を、私はすぐにやめてしまおうと思いました。そうした私を皆さんが必死に制止なさいましたが、実際のところ私は心の中に区切りをつけてさっぱりとやめる気持になっていました。

が、突然に、私の胸の中を一つの思いが走りました。

自分で自分の生命を絶つという行為は、人間として生きる御佛《かみ》の大法則から大きく逸脱《いつだつ》したことなのだ。そうなのだ、私たち人間は、誰にお願いしたのでもないのに、ちゃんと人間という姿でこの世に誕生させてもらったのではないか。それなのに、自分の魂を肉体修行で磨くための「苦労」に耐えることもせず、一生けんめいに生きることもしないで、自分勝手に肉体を自分で殺してしまうなんて、御佛《かみ》の法則への違反ではないか。それだから一心に祈ったにもかかわらず、御佛《かみ》はお聞き入れにならなかったのだ——と、一ぺんに何か霧を払うような心境になることができました。

御佛《かみ》はこの事件のすべてで私にその大法則を教えて下さったのです。

このことに気付くと、冷たい滝に無理をして打たれて痛めつけている私の肉体も、私が勝手にしてよいものではないことがよくわかりました。

事実、限界に達していたのか、肉体も大分壊れかけて来ていました。

こんなことから私も肉体へのとらわれから少しずつはなれ始めて行きましたが、そのための体験とはいえ、いつもながらどの体験もその場にある時はつらい苦しいものでした。

それにしても、見えてびっくりしてもらうというあたりにとどめおかれずに、更に先の今を生きる心についての教えにまで進めていただけた自分を、今は本当に嬉しく思えてなりません。

それだけに、素直な心と、常に自分以外の人を思いやる心を数倍にも高く保たなければならないと、自分を律する気持が一層強まるばかりです。

第十章

感謝の暮らしで治す

●感謝と素直な心が精神病を断ち切る

家庭内に精神病に冒された子供や配偶者を持った人々の苦しみというものは、並大抵のものではありません。何をどうすれば治るというような医術の恩恵に浴することもできず、未来への明るい展望なんて一つもありません。寝ても覚めても病者に生活のすべてを奪われ、瞬時の安息も得られません。

治るという目標があって、それまでの辛抱ならと思うのに、いつその日が来るものやら見当がつかないばかりか、その希望も日々薄らいで、絶望的な思いだけがつのります。

かといって逃げだすわけには参りません。病者は愛するかけがえのない家族なのですから、毎日毎日気をとりなおしては頑張るのですが、その頑張りを万一ストップさせたら自分はそこで谷底へ転落しそうな気がします。それだからこそ気を張って戦っているのですが、それにしても本当に精神病は治るのだろうかという思いが始終背中のあたりに重くのしかかっている――こうした思いの人々が充満しています。

私は家族の方々にお目にかかって話をきくと、すぐにでもと一人でもと供養をあせりたくなります。お気の毒でじっとしていられなくなるのです。お話を聞いているだけで涙が溢れて来てしまって「早く、早く今の状況から少しでもよくしなくては」と、まるで身体が空中でもがくような気持になってしまいます。いわゆる身も心もそこにないという感情なのでしょうか。

人間であるこの私の肉体に、御佛《かみ》が憑依して、私が病者に手を当てるような格好をして、そしてほんの短かい呪文を口の中でゴニョゴニョというと、なんとも驚くことに、精神病が一ぺんに治ってもとの正常な人に戻る。

こんな具合になったらなんとも都合がいいというか便利この上ないのですが、残念ながら、こんなことは絶対にありません。

もう一度申します。絶対にありません。

苦しんでおられる人々の弱みにつけこんで、今言ったような奇蹟が、自分は御佛《かみ》だから可能であると称する人が時々出現します。

しかし、御佛《かみ》が人間に憑依するということは絶対にありません。ですから、自分が御佛《かみ》であるなどと言う人は、そんなことを言ってみたい死者に憑依されている人です。換言すればその人は精神病者の範疇《はんちゅう》に入ります。従ってもっともらしい所作《しょさ》も呪文《じゅもん》もすべて精神病の症状といえるものであって、御佛《かみ》の教えなどではありません。

本書で一生けんめい述べましたように、病者に憑依している人を、供養によって成佛してもらうことだけが唯一の解決の道です。

しかも、その供養は簡単ではありません。数も多い上に、なによりも、家族の心の中の改造に手間がかかります。

気の毒な方々に同情してしまう私としては、できることなら直ちに治すような力を御佛《かみ》から与えられて、それで一気に全治させたいと人間らしく愚かに考えたいのですが、本当に残念ながら、精神病は霊障といわれる病気のうちで最も重いものですので、簡単にひょいと氷解してくれません。

ああしてこうすれば治ると、霊能力の誇示を前面に押し立てて、ハウツウ式な方法論でも展開できれば、多くの人が喜んで下さり、実際に効果を見せる例が一、二発生するのかもしれませんが、残念ながらそうした「便利」な本にはなり得なかったようです。

しかし、根元的な「治すためには何をするべきか」については、自信をもって執拗なまでに書き進めてまいりました。その本義を充分ご理解いただけたと確信しています。

何よりもあなたの生きざまについての反省を、生きている今のうちにすることです。それをしなかった先祖が、死んだのちに反省して苦しむところからすべてが始まっているのですから、あなたの代でその連鎖を断ち切ることです。今現在を整えた正しい波動は、目に見えないところですべてのことを正しく整えて行きます。

お金を儲けていろいろな欲望をすべて満たしたい。偉くなった、お金持ちになったと人々の目を集めて得意な気分で暮らしてみたい、よその家ならいいけれど、自分の家には病気とか怪我などは絶対に起きてほしくない。自分の意に反する人間などと寸時もつき合いたくない。他《ひ》人《と》を押しのけるようにして物欲を追求し、口を開けば他人《ひと》の悪口と自分の不満だけを語り、他《ひ》人《と》の痛みなどは考えもせず、とにかく自分の都合だけをすべてに優先させながら今という大事な時を生きてしまっていませんか。

生きている今が大切です。

自分中心の魂の波動は、自分を取りまく日々の現象を暗い悪い方向へと導き、健康も決して明るく作動しません。まず何よりも自分が御佛《かみ》の掌の上にある小さな存在であることを知って、自惚れ・言いわけ・自己弁護の屁理屈から早く脱出して、とにかく謙虚に素直になることです。

こんなことを申しますのは、私が僧侶であるからお説教をしているのとは訳が違います。もっと現実的な、精神病による悩み苦しみを消滅させる一番の近道についてお話し申し上げているのです。

今の苦しみは、あなたに大切なものを徹底的に教えるために御佛《かみ》が作られたものなのですから、一切の理屈を捨ててその教えに従い、自分をあらためて下さい。

教えに感謝し、素直に従おうとする心、今までのあなたに無かったこの心こそが、御佛《かみ》の法則・宇宙のきまりに正しく同調します。

そうすれば本当の幸福が来るのは、天地大自然の営み通りにごく当たり前のことなのです。

●この世の生を学び回復の喜びを手中に

第四章のN家の息子さんも、ご家族の努力と、その努力の中で学んだ死者への優しい思いやりによって、今ようやく終焉《しゅうえん》を迎えようとしています。

あの息子さんは、公園で射撃ごっこをして遊んでいた時に、突然におかしくなったのでしたが、今ここへ来て不思議そうな顔でこう呟いたそうです。

「あれ、今どうして僕は公園にいるんだろう……」

彼の肉体を占拠していたたくさんの死者の意識が去って行って、彼自身の意識の活動が戻って来た証拠です。

更につい先日は、こんなことも呟いたそうです。

「そろそろこの子を返そうかな……」

まだ残っていた死者の呟きなのでしょうか。こうした言葉が出る以上、全治ももう間もなくのことと期待ができます。

もう一人、東北の或る青年はすっかり憑依が取れて、運転免許の試験にも合格するほどの回復ぶりです。その親御さんからの、つい先日届いた手紙をここでご紹介しましょう。

（前略）息子は顔の表情が以前とくらべものにならないほどおだやかになり、目の動きもちゃんとしていい顔になりました。運転免許を取ってからは、朝の人通りの少ない時間帯なら一人で練習していいと主人に言われ、それを楽しみに早起きしてがんばっています。先日は久しぶりに墓参りをし、お世話になった近所のお寺さんに息子と一緒にお礼に行って来ました。

あの苦しかった日々、昼夜を問わず電話で先生に励まされた地獄のような日々。思い出すたびに、今とくらべて天と地ほどの差を感じます。先生を通して佛様にいろんなことを学ばせてもらいました。この教えがなかったら今日の光明はありませんでした。（後略）

こうしたお手紙をいただく時が私の無上の喜びの時で、よかった、本当によかったねと、思わず独りで叫んでしまうのです。

ここまでの道のりはこの人たちも大変でした。何度挫折しそうになったかわかりません。途中でふと迷ってしまうこともありました。

でもこうして、みごとに結果を頂戴しています。たくさんの死者を供養して行くことで、自分自身の暮らしが、みごとに法則の上に乗ったからこその嬉しい結果なのです。

遠回りのように見えて、最も近い道であったことを、この人たちは今感動的に実感しています。

そして私は、これらの私なりの体験をもとに、この世での生き方をもっともっと考えていただくよう、私の肉体のある限りお話して歩きたいと思っています。

（終）

萩原玄明（はぎわら げんみょう）

昭和10年11月8日、東京都八王子市の菅谷不動尊教会の次男として誕生。現在は八王子市の宗教法人・長江寺住職。

供養による死者の完全なる成仏と、世の人々の正しい生き方を説いて全国的な活動を展開。

主な著書に『精神病は病気ではない』『精神病が消えていく』『死者からの教え』『あなたは死を自覚できない』『これが霊視、予知、メッセージだ』『心を盗まれた子供たち』（以上ハート出版）などがある。

平成23年、逝去。生前の活動は、長江寺の後継によって現在も受け継がれている。

長江寺では、本書の内容について家族向けの説明会を不定期に開催している。

長江寺所在地・東京都八王子市加住町２丁目２４８番地３
電　話・０４２６－９１－３８０１
ＦＡＸ・０４２６－９１－６０１０

精神病は病気ではない《新装版》

平成４年５月22日　第１刷発行
平成13年１月22日　第６刷発行
平成14年５月22日　新装版第１刷発行
令和５年11月26日　新装版第23刷発行（計29刷）

著者　萩原玄明
発行者　日高裕明

発行　ハート出版

〒171-0014
東京都豊島区池袋３－９－23
TEL03-3590-6077　FAX03-3590-6078
ハート出版ホームページアドレス https://www.810.co.jp

乱丁・落丁本はお取り替えいたします。ただし古書店で購入したものはお取り替えできません。
ISBN 978-4-89295-494-8
印刷・製本　中央精版印刷株式会社

萩原玄明の本……好評既刊

【新装版】精神病が消えていく
～続・精神病は病気ではない～

十一年間読み続けられているロングセラー
「精神病は病気ではない」の続編・普及版

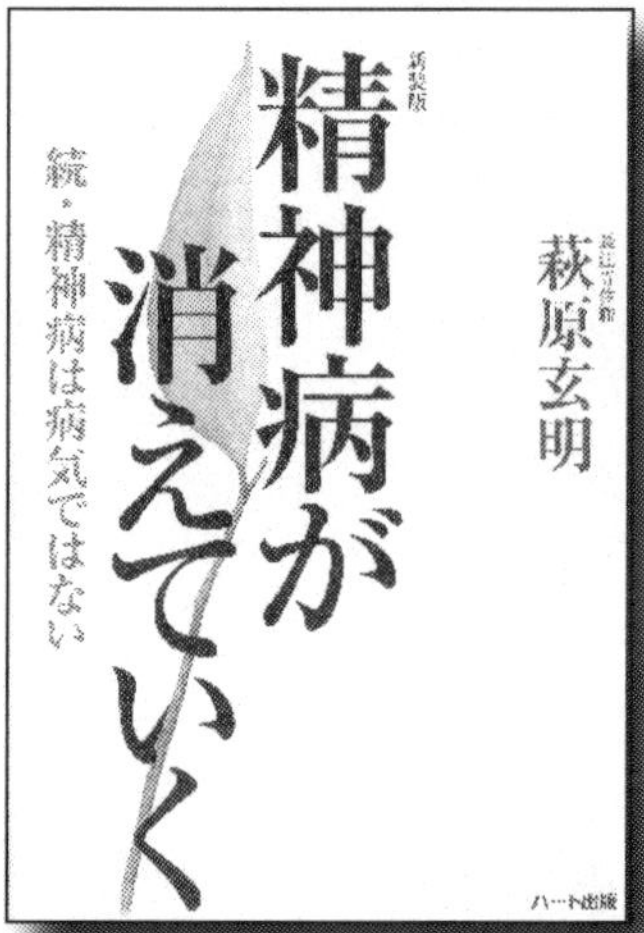

萩原玄明（長江寺住職）著
四六判上製 208 頁　本体 1300 円

■目次■

ISBN4-89295-485-3

＊価格は本体価格、将来変わることがあります。

萩原玄明の本……好評既刊

これが霊視、予知、メッセージだ

～新・死者からの映像通信～

著者がハート出版から出す以前に、発行された著書「死者達からの映像通信」「御仏と死者と」の待望のダイジェスト版。

第1部では、霊視というものの不思議と、予知してしまう天災や大きな事故などについて。第2部では、著者自身の不思議な体験を自伝風にまとめたものになっている。

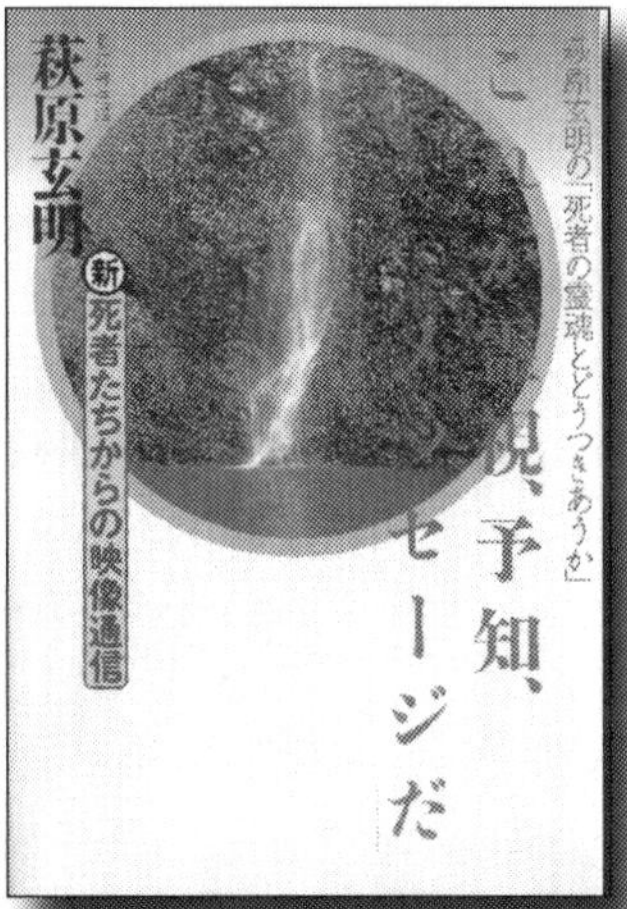

萩原玄明（長江寺住職）著
四六判上製 264 頁　本体 2000 円

■目次■

ISBN4-89295-112-9

＊価格は本体価格、将来変わることがあります。